Poètes Beaucerons

ANTÉRIEURS AU XIXe SIÈCLE

NOTICES

PAR

Lucien MERLET

Membre correspondant de l'Institut

TOME DEUXIÈME

A CHARTRES

DE L'IMPRIMERIE DURAND

RUE FULBERT

1894

Poètes Beaucerons

5220

BIBLIOTHÈQUE CHARTRAINE

Poètes Beaucerons

ANTÉRIEURS AU XIXe SIÈCLE

NOTICES

PAR

Lucien MERLET

Membre correspondant de l'Institut

TOME DEUXIÈME

A CHARTRES

DE L'IMPRIMERIE DURAND

RUE FULBERT

1894

XII

LAURENT BOUCHET

1618-1695

LAURENT BOUCHET

Voici assurément l'un des auteurs les plus féconds que nous connaissions, mais en même temps il est un des plus ignorés. Il n'a pas laissé moins de 23 volumes in-folio contenant le recueil de ses prônes et sermons, et 18 autres volumes, également in-folio, traitant des questions de morale, de science, d'histoire naturelle, et des pièces de poésie. Tous ces volumes, à l'exception de 6, qui ont été égarés, se trouvent aujourd'hui à la bibliothèque communale de Chartres [1].

Laurent Bouchet eut d'ailleurs une existence fort accidentée. Esprit inquiet, d'humeur vagabonde, il est toujours à la recherche de l'inconnu ; aussi, malgré de hautes protections et malgré son assiduité près des grands de la Cour, il ne parvint jamais à obtenir un

[1]. Ces manuscrits proviennent de l'ancienne abbaye de Coulombs, à laquelle ils avaient été légués par Laurent Bouchet avec le reste de sa bibliothèque, « tant imprimée que manuscrite, rappochant de « trois mille volumes, tant grands que petits ».

riche bénéfice ecclésiastique : il ne parvint pas davantage à la renommée, et, il faut l'avouer, il ne paraît pas l'avoir beaucoup méritée.

Il naquit à Paris en 1618. Son père, avocat au Parlement, mourut jeune (1623), et l'éducation de Laurent fut confiée aux soins de sa mère Marguerite Raoul. Celle-ci plaça son fils au séminaire de Saint-Nicolas de Paris, où il fit sa première éducation [1]. Il commença l'étude du latin au collège Montaigu, puis il fit ses humanités chez les Jésuites, qui, en raison de ses progrès, lui décernèrent le titre classique d'*Empereur*. Pour compléter ses études, il suivit pendant trois ans les cours de la Sorbonne, où il reçut les leçons de Jacques Lescot, depuis évêque de Chartres, pour lequel il conserva toujours la plus vive reconnaissance.

N'étant encore que sous-diacre, Laurent Bouchet prononça, à l'âge de vingt-trois ans, son premier sermon dans l'église de Valenton (Seine-et-Oise). Par la

---

1. Laurent Bouchet nous a laissé des portraits assez fantaisistes de ses premiers précepteurs, en voici un exemple : « M. Le Grand, « dit-il, grand homme noiraut, qui avoit quelque chose de redoutable « sur la face ; il fouettoit les garçons et sa femme les filles :

Car Madame Sévérité
Estoit toujours à ses côtés ;
Aussi manioit-il les verges
Plus souvent qu'un trousseau d'asperges,
Et faisoit jouer le bouleau
Comme à peu près fait le bourreau. »

protection d'un de ses parents, et grâce à ses brillantes études, il avait obtenu, dès 1632, le bénéfice de la chapelle Saint-André, dans l'église de Saint-Marcel de Paris, et, en l'année 1643, à la prière des chanoines de cette collégiale, il fit dans leur église l'oraison funèbre du roi Louis XIII. En 1645, Mgr Etienne Caulet, évêque de Pamiers, l'emmena dans son diocèse et lui donna la cure de Tarascon-sur-Ariège qu'il conserva jusqu'à la fin de l'année 1646. Il fut ensuite aumônier de Charles de Vialard, évêque d'Avranches, qui le pourvut de la cure de Naftel (Manche). Après avoir dirigé cette cure pendant quinze mois, son humeur inquiète lui fit chercher fortune ailleurs. Par la protection de Mgr Denis de la Barde, évêque de Saint-Brieuc, et sur les instances de Gaston d'Orléans, oncle du roi, il fut nommé à un canonicat en la collégiale de Saint-Aubin, à Crépy-en-Valois.

Ses relations avec Gaston et avec quelques grands seigneurs l'entraînèrent parmi les partisans de la Fronde. Craignant de se voir inquiété, il prit la résolution, en 1652, d'aller comme missionnaire prêcher les peuples sauvages de Cayenne. Il était au Havre, attendant l'heure de s'embarquer, lorsqu'arriva l'ordre de l'incarcérer. Plusieurs fois menacé de mort, il dut sa liberté à la duchesse d'Aiguillon, nièce du cardinal de Richelieu ;

mais il perdit son bénéfice de Saint-Aubin, et fut trop heureux, quelque temps après, d'obtenir un vicariat dans l'église de Saint-Germain-l'Auxerrois.

Au reste, il ne semble pas être resté longtemps en disgrâce, car nous le voyons bientôt pourvu de la charge de confesseur des nourrices de la Cour. C'est à cette époque qu'il dit, en parlant de Marie-Louise d'Orléans, depuis reine d'Espagne : « Je luy ai appris à faire le « signe de la croix et donné quelques instructions « chrétiennes. »

En 1662, il reçut une mission toute de confiance, celle d'aller visiter les provinces du Perche, du Maine, de l'Orléanais et du Berry, pour y distribuer des secours aux populations nécessiteuses, qui manquaient de pain.

En 1666, il fit le voyage de Rome, d'où il se rendit en Terre Sainte. A son retour, Hardouin de Péréfixe, archevêque de Paris, le nomma à la cure de Villecresnes (Seine-et-Oise), cure que Bouchet échangea bientôt contre celle de Nogent-le-Roi, dont il prit possession le 14 décembre 1670.

Son esprit fantasque et singulier le suivit dans sa nouvelle paroisse ; il eut de graves démêlés avec ses paroissiens et vicaires, et fut contraint par l'autorité ecclésiastique de résigner sa cure, ce qu'il fit en faveur de son neveu, Louis Serrant. Il habita néanmoins, pendant de longues années, comme prêtre habitué dans cette petite ville, et c'est là qu'il composa la plupart des poésies qui nous sont parvenues. Il mourut le 15 décembre 1695.

Laurent Bouchet fit imprimer les écrits poétiques suivants : *Explication sur le tableau du May, représentant saint Paul arrivant en l'isle de Malthe, présenté à la Vierge en l'église Notre-Dame de Paris, le 12 may 1653, avec un sonnet et une prière à la Vierge pour le Roy* (Paris, J. Lecomte, 1653). — *Sonnets sur les principales festes de la Vierge et sur quelques autres sujets de piété, comme aussi quelques stances et cantiques spirituels* (Paris, N. Jolybois, 1666, in-4°). — *La Cresche de Jésus-Christ visitée par des bergers, et Cantiques spirituels sur la naissance et enfance du Verbe incarné* (Paris, N. Jolybois, 1666 et 1671, in-4°).

Laurent Bouchet appartient à l'école du gazetier Loret, avec lequel il était en correspondance : il se déclare émule de Loret, Scarron, Colletet, Gombault, Sarrazin, etc. C'est en effet la même facilité et le même ton enjoué ; mais il faut reconnaître qu'il a les mêmes défauts, sans avoir leurs qualités. Ses rimes ne sont pas riches, et l'inspiration fait complétement défaut. Où il tâche d'exceller, c'est dans le calembour. Un jeune homme de Nogent-le-Roi, nommé Pierre Grégoire, ayant été tué par la chute d'un âne qui l'avait jeté contre une pierre, Laurent Bouchet lui composa l'épitaphe suivante :

> *Ainsy notre mortelle vie*
> *De mille malheurs est suivie ;*
> *Ainsi dans Nogent, non dans Pierre,*
> *Une pierre a fait mourir Pierre,*
> *Déjà travaillé de la pierre.*

En une autre occasion, la mort d'un nommé Guillaume Desloges lui inspire les vers suivants :

> *Desloges fut ici logé*
> *Dans un de nos faubourgs, non au port de Pirée ;*
> *Mais la Parque l'a délogé*
> *Pour le loger dans l'Empirée,*
> *Plaise à Dieu qui nous a forgés*
> *Qu'en délogeant d'ici nous soyons là logés !*

Nous ne voulons pas dire que toutes les productions de Laurent Bouchet ressemblent à celles-là ; nous avons voulu seulement montrer jusqu'où pouvait aller le mauvais goût de cette époque. Voici d'autres petites pièces qui, sans être des chefs-d'œuvre, n'auraient peut-être pas été désavouées par Loret ou par Scarron :

EPITAPHE DE MA PIE.

Ci-dessous gît ma pauvre pie,
Jadis si douce et si jolie :
Elle mourut d'un dévoyement !
Ce qui fâcha d'étrange sorte
C'est que la pauvre bête est morte
Sans avoir fait de testament.

EPITAPHE DE MON CHAT.

Ci-gît un chat de presbytère,
Larron de nuit, voleur de jour,
Qui dépeuploit ma basse-cour
Pour assouvir son mésentère.

Ce fut dommage, en vérité,
De l'assommer d'un coup de fronde,
Car il passoit, en ce bas monde,
Pour un matou de qualité.

En faisant ici la peinture
Et l'épitaphe de ce mort,
On me dira, je vous assure,
Tu réveilles le chat qui dort.

AUX LEVRAUTS ET PERDRIX QUE LE ROY PRIT LUI-MÊME
DANS UNE CHASSE QU'IL FIT, ALLANT DE MAINTENON A CHARTRES
LE 25 SEPTEMBRE 1682

Fortunés animaux, qu'heureux fut votre sort,
Quand la Royale main vous eut donné la mort !
On ne vit lors lapin, levraut, perdraux, bécasse,
Qui n'eût bien souhaité mourir à votre place.

Laurent Bouchet fit d'ailleurs des pièces de longue
haleine : nous citerons entre autres une *Description de
Nogent-le-Roi et des environs,* poëme descriptif, divisé en
trois promenades et qui comprend plus de 2,500 vers.
On y retrouve, au milieu de détails très intéressants au
point de vue local, le même mauvais goût et la même
recherche des jeux de mots.

Au reste la prose de notre curé de Nogent était aussi
alambiquée que sa poésie. Nous citerons comme modèle
des passages d'une oraison funèbre de Mgr Ferdinand
de Neufville, évêque de Chartres, qu'il prononça dans
l'église de Nogent-le-Roi le 31 janvier 1690, et qui
excita l'admiration de tous les Nogentais. Laurent
Bouchet voulait surtout célébrer la création du séminaire
de Beaulieu faite par le prélat chartrain :

Un séminaire ecclésiastique est une salle d'escrime où

on apprend la françonnade, je veux dire où on apprend et à attaquer et à se défendre. Qu'est-ce qu'un séminaire ? C'est un beau jardin rempli de toutes sortes de fleurs : on y voit la rose de la charité, le lis de la pureté, la violette de l'humilité, le ligustre de la contemplation, le souci de la pensée de l'Éternité. Qu'est-ce qu'un séminaire ? C'est une ruche spirituelle où les abeilles mystérieuses composent le miel délicieux de la véritable dévotion. Qu'est-ce qu'un séminaire? C'est une boutique de parfumerie d'où il ne sort que des parfums et de bonnes odeurs de ceux qui se renferment en ce saint lieu, qui se font un honneur et un plaisir d'être la bonne odeur de Jésus-Christ.

Nous n'avons montré jusqu'ici dans Laurent Bouchet que le côté un peu burlesque : dans un ordre plus sérieux, il coopéra à la traduction des œuvres spirituelles de Grégoire de Tours, avec Jean Balesdens, de l'Académie française, et prieur de Saint-Germain d'Alluyes, au diocèse de Chartres. On lit cette note dans un de ses volumes :

Mlle de Richelieu (la nièce du cardinal) avoit beaucoup de bonté pour moi : j'allois la voir souvent, et j'ai traduit pour elle quelques ouvrages de saint Jean Chrysostôme.

8 Août 1865.

XIII

LAURENT DESMOULINS

Vers 1513

LAURENT DESMOULINS

Nous ne savons rien de la vie privée de Laurent Desmoulins ; nous ne le connaissons absolument que par le titre de l'ouvrage qu'il nous a laissé : *Le Catholicon des Maladvisés, autrement dit le cimetière des Malheureux, composé par vénérable et discrette personne maistre Laurent Desmoulins, prestre.* De ce titre il ressort que notre poète appartenait à l'ordre ecclésiastique ; nous pouvons en même temps hardiment affirmer qu'il appartenait au clergé chartrain. Dès longtemps en effet, depuis le XIIIe siècle au moins à notre connaissance, la famille Desmoulins occupait une place importante dans la cité chartraine. Pendant près d'un siècle, les descendants de Martin Desmoulins, gendre de Renaud Barbou, fondateur de l'hôpital des aveugles de Chartres, avaient rempli les fonctions de maître dudit hôpital. En 1469, Jean Desmoulins était official du diocèse et vicaire-général de l'évêque Miles d'Illiers ; en 1473, Raymond Desmoulins était archidiacre de Blois. Rien cependant ne viendrait prouver que Laurent appartînt à la famille chartraine, s'il n'avait lui-même dédié son ouvrage à Miles d'Illiers, doyen du chapitre de Notre-Dame, et à Jean Pigeart, chantre du même chapitre, c'est-à-dire aux deux dignitaires les plus considérables de ce corps puissant qui tenait sous sa main tout le *grand diocèse*.

Laurent Desmoulins naquit vers 1473 : si nous ne connaissons pas la date de sa naissance, nous savons du moins l'époque précise de la publication de son livre. Dès l'année 1511, une édition en avait paru à Paris, chez Jean Petit et Michel Lenoir ; le poème avait tant de succès que dès l'année suivante, 1512, il était réimprimé à Lyon, chez Claude Noury. Mais ces deux éditions avaient été faites sans l'aveu de l'auteur, et contenaient de nombreuses erreurs ; Desmoulins, devant la popularité de son œuvre, résolut de donner lui-même une troisième édition : elle parut à Paris, en 1513, chez Jean Petit et Michel Lenoir, libraires jurés en l'Université de Paris[1]. C'est cette édition que nous allons suivre en faisant l'analyse du poème de Laurent Desmoulins.

---

1. Une quatrième édition du *Catholicon* fut donnée en 1534, à Lyon, par Olivier Arnoullet.

C'est un véritable sermon, et un fort long sermon, car il a plus de 5,000 vers. Laurent fait un abus regrettable des citations et des proverbes ; il étale à tout propos une érudition inutile ; mais nous dirons pour l'excuser que c'était là les défauts de l'époque ; c'est ainsi qu'au XVe siècle on comprenait la véritable éloquence, et à côté de ces défauts, notre poëte a des qualités qui méritent qu'il soit tiré de l'oubli. Son vers, souvent bien frappé, a du nerf et du trait ; l'épigramme est vive et pleine de justesse, et enfin l'idée même du poëme est assez originale pour que le Catholicon soit digne d'arrêter quelques instants notre attention.

L'auteur raconte qu'un soir il se promenait sur la lisière d'un bois ; tout à coup il aperçoit un monstre horrible qui s'ébattait dans un bourbier ; saisi d'effroi, il se jette dans le fourré et arrive tout essoufflé près d'une petite chapelle. Comme la nuit venait, il se couche à la porte sur un lit de mousse et s'endort bientôt. Alors un esprit surnaturel nommé *Entendement* lui apparaît et lui dit :

> *Prends du papier, encre, plume, escriptoire,*
> *Et, sans faillir, rédige en la mémoire*
> *Ce que verras avant qu'il soit le jour.*

Laurent regarde autour de lui et aperçoit d'abord des personnages s'avançant vers la chapelle,

En l'appareil pour chanter une messe.

Ce sont les serviteurs du temple de *la Douleur.* Le chapelain a nom *Déconfort,* le diacre s'appelle *Chagrin,* et ainsi des autres : la sonnette est faite de *hauts cris* et l'eau bénite de *larmes de clameur.* Les *Précieuses* du XVIIe siècle qui dressaient la carte du royaume de Tendre, avaient puisé leurs inspirations dans le poème de Laurent Desmoulins et chez les auteurs du roman de *la Rose.*

Mais continuons notre analyse. Le cimetière qui touche à la chapelle est celui des Malheureux. Là gisent par milliers

Gens de façon, clers, nobles, escuyers,

qui ont été perdus par *l'Oiseuse,* mère de *Luxure.* Car l'Oiseuse en a perdu beaucoup ; c'est elle qui a poussé au crime David, Amon, Absalon, Salomon, Sanson, Phèdre, Pasiphaé, Sardanapale, Tarquin, Didon, Pâris, Thisbé, Narcisse et mille autres.

Tandis que notre poète contemple mélancoliquement

les restes de tant de héros, arrive une foule immense : ce sont les malheureux du siècle, et ils défilent devant lui, racontant piteusement leur cas. Ce sont les gens qui n'ont guère et qui dépensent beaucoup ; les gourmands dont l'église est la cuisine et le prêtre le cuisinier ; les ivrognes qui maudissent ceux qui mettent de l'eau dans leur vin ; les joueurs qui ruinent leurs familles ; les ruffiens et les ruffiennes qui vivent de paillardise. Laurent flagelle sans pitié ces malheureux et leur met sous les yeux l'exemple de Verdelet, un paillard fort connu en ce temps, qui finit par être pendu à Montfaucon. Il termine son vigoureux sermon par des conseils aux jeunes filles, contre la vertu desquelles les débauchés conspirent incessamment. Gardez-vous surtout, leur dit-il, des messagères d'amour, et il leur cite comme exemple une pauvre innocente, laquelle fut pervertie par le fait d'une vieille hypocrite qui lui conta :

> *Qu'avoit une fillette*
> *Laquelle estoit musée en chiennette*
> *Par le vouloir du très haut roy Jésus,*
> *Pour la cause qu'elle avoit fait refus*
> *De secourir un homme languissant*
> *En son amour.*

Les paysans qui veulent faire les messieurs comparaissent à leur tour. Ils sont suivis d'une bande nombreuse ; ce sont les maris malheureux par leurs femmes. Comme on le pense bien, la verve du poète se donne ici carrière ; les coquettes, les dépensières surtout sont admonestées vertement. Ce n'est pas qu'il n'y ait de bonnes femmes, dit Laurent, mais le luxe des habits féminins ruine aujourd'hui les meilleurs ménages. Les honnêtes femmes devraient s'habiller simplement pour ne pas être confondues avec les courtisanes qui courent la ville vêtues comme des princesses.

> *C'est grand abus de voir femmes infâmes*
> *Si bien en point sans avoir quelque enseigne.*
> *Tel porte coëffe qui dessous a la teigne.*

Dégoûté de la vue de tant de misères, maître Laurent se retourne sur sa couche, mais de l'autre côté le spectacle n'est pas plus agréable. La triste procession continue : ce sont d'abord les enfants désobéissants ; puis les pauvres compagnons

> *Qui par amour espousent des filleltes*
> *Qui n'ont en biens seullement deux noiseltes ;*

les marchands qui achètent cher et vendent bon marché ; ceux qui donnent en mariage à leurs filles plus qu'ils n'ont vaillant ; les négligents à réparer leurs maisons et héritages ; ceux qui se défont de leurs offices ou bénéfices pour des rentes qui ne leur sont pas payées ; les menteurs, les flatteurs, les médisants ; les avocats et procureurs qui dupent leurs clients ; les juges ignares, les blasphémateurs, les taverniers qui trichent leurs pratiques, les faux dévots, les prodigues qui prêtent sans garanties et qui, en fin de compte,

> *Sur leurs debteurs ne trouvent rien à prendre.*
> *Dieu est au prêt et le Diable est au rendre ;*

ceux qui mangent leur blé en herbe,

> *Qui dînant tout n'ont plus rien à souper ;*

et les seigneurs qui ne veulent pas ouïr les comptes de leurs receveurs.

Mais pendant que chacun raconte à Laurent ses misères, la nuit a poursuivi son cours : le jour commence à paraître, et *Entendement* réveille le dormeur, en lui commandant de porter son écrit à messire Miles d'Illiers[1],

---

1. Miles d'Illiers, chanoine de Chartres le 7 novembre 1504, doyen le 19 février 1509, fut reçu évêque de Luçon le 21 août 1527, mais conserva le doyenné de Chartres jusqu'à sa mort en 1553.

grand doyen, et à maître Jean Pigeart[1], official du diocèse, qui, mieux que tous autres, sont à même de propager les maximes salutaires que l'aspect des misères humaines lui a si poétiquement inspirées.

2 Octobre 1866.

1. Jean Pigeart, chanoine le 23 décembre 1497, fut official du diocèse de 1504 à 1522; il était en même temps grand-chantre depuis le 22 novembre 1512.

XIV

JEAN ROTROU

1609-1650

JEAN ROTROU

Il est peu d'auteurs justement célèbres, et relative-
ment modernes, sur la biographie desquels on ait
moins de détails que sur Jean Rotrou, l'immortel auteur
de *Venceslas*. On a souvent répété, et nous sommes
parfaitement de cet avis, que, de tout ce qui a été écrit
sur la vie de Rotrou, il n'y a de rigoureusement exact
qu'une notice placée en 1728 par Le Clerc en tête du
Dictionnaire de Richelet et une autre notice insérée en
1738 par dom Liron dans ses *Singularités historiques*.
Ces deux notices au reste tirent leur origine d'un même
document, un Mémoire de Pierre Rotrou de Saudreville [1], frère du grand tragique, mémoire qui fut remis
à dom Liron, et que celui-ci communiqua à Le Clerc.

---

1. Pierre Rotrou, seigneur de Saudreville près Etampes, naquit à
Dreux le 29 juin 1615 et mourut à Paris le 15 mars 1702. Il avait
rédigé le Mémoire que nous publions à la prière de Louis de Sanlecque, un autre de nos poètes dont nous parlerons peut-être plus tard.

Nous avons eu la bonne fortune de retrouver ce
Mémoire de Pierre Rotrou, copié de la main de l'abbé
Brillon. Nous l'avons confronté avec le texte de Le
Clerc et avec celui de dom Liron, et nous avons
reconnu qu'en effet ces deux auteurs n'avaient fait que
copier mot à mot ce Mémoire, se contentant parfois de
l'abréger et défigurant les noms propres qu'ils ne con-
naissaient point. Nous avons donc pensé qu'il serait
intéressant de publier *in extenso* ce document, resté
jusqu'ici inédit dans son intégralité, et qui est assurément la meilleure biographie que l'on puisse donner
de notre illustre poète. Nous le compléterons par certaines notes biographiques que nous puiserons dans les
registres de l'état civil de la paroisse de Saint-Pierre de
Dreux.

Jean Rotrou, fils de Jean Rotrou et de damoiselle Elisabeth
le Facheu, naquit à Dreux en l'année 1610 [1]. Son père étoit

---

1. Cette date n'est pas exacte : voici l'acte de baptême de Jean
Rotrou : « Le vendredy 21ᵉ aoust 1609, fut baptisé Jehan, filz de
« honorable homme Jehan Rotrou, bourgeois de Dreux, et de dame
« Ysabelle Facheu, ses père et mère ; levé sur les saints fonts du bap-
« tesme par noble homme Nicolas Hénault, mareschal-des-logis de la
« Royne, et honorable homme Germain Rotrou, aussi bourgeois du
« dit Dreux ; maraine Marie Facheu, fille de honorable homme maistre
« Jacques Facheu, grenetier au magasin à sel de Chartres. »

d'une des principalles et plus anciennes familles de la ville, lequel y vivoit honorablement du bien que ses parents père et mère luy avoient laissés, et celuy que sa femme luy avoit apporté, qui étoit considérable au commencement du siècle où nous sommes [1]. Elle étoit fille d'Estienne le Facheu, qui étoit d'une des premières familles de Chartres et pourveu de deux charges de grenetier au grenier-à-sel de la dite ville, lesquelles y sont considérables, et dont la finance s'est trouvée monter au jour de son décez à plus de 50000 livres.

Jean Rotrou commença ses humanités dans le collège de Dreux, qui étoit assez bon, et fut envoyé à Paris à l'âge de douze à treize ans pour les continuer, ce qu'il fit avec beaucoup d'approbation de ses régens. Il fit sa philosophie sous M. de Bréda, qui étoit un illustre professeur qui l'honoroit de son amitié, et lequel fut pourvu de la cure de Saint-André-des-Ars, dont il a rempli les devoirs d'un bon pasteur jusqu'au jour de son décez.

Rotrou, dans le cours de ses études, commença à faire des vers à l'âge de quinze à seize ans, et l'estime que ses amis en faisoient et la facilité qu'il mettoit à les faire l'obligèrent d'entreprendre de faire une comédie intitulée l'*Hypocondriaque ou l'Amoureux mort,* qui fut représentée par les comédiens de l'Hôtel de Bourgogne, n'ayant pas encore vingt années accomplies, avec plus de succès qu'il n'osoit s'en promettre. Il la dédia à M. le comte de Soissons qui l'honoroit de sa bienveillance, lequel fut tué à la bataille de Senef. Ce

---

1. Comme on le verra plus loin, le Mémoire de Pierre Rotrou fut rédigé vers l'année 1698.

prince, qui avoit beaucoup de bonté pour luy, l'obligeoit souvent à travailler à de petits ouvrages de poésie, où il réussissoit assez heureusement, et qu'il luy demandoit pour en faire l'usage qu'il avoit agréable.

Le succès de la pièce qu'il venoit de donner au théâtre et l'utilité que les comédiens en retirèrent le portèrent à travailler à une autre pièce qu'il intitula *la Bague de l'Oubly,* et la fit en très peu de temps. Cette pièce eut encore plus de succès que la première, non seulement sur le théâtre de l'Hôtel de Bourgogne, mais encore dans les représentations qui s'en firent au Louvre et à Saint-Germain devant Leurs Majestés, et au Palais Cardinal devant S. Em. Mgr le cardinal de Richelieu.

Cette grande facilité qu'il avoit de faire des vers, et l'applaudissement que l'on donnoit à ses ouvrages, joint à son inclination et aux instantes prières que les comédiens luy faisoient de continuer un travail qui lui attiroit tant d'éloges et qui leur étoit si utile, le déterminèrent à chercher des sujets dans les anciens poètes latins, espagnols et italiens, qui pussent luy conserver dans la Cour et dans le public la réputation qu'il s'y étoit acquise. Il en trouva un d'un auteur espagnol, qu'il mit au théâtre sous le titre des *Occasions perdues,* qu'il traita avec tant de justesse et des évènemens si surprenans que cette pièce l'emporta encore sur les autres. Il la dédia à M. le comte de Fiesque, qui l'honoroit de son amitié.

Mgr le cardinal de Richelieu, qui aimoit beaucoup les vers, sachant que cette pièce avoit été représentée devant Leurs Majestés qui en avoient été satisfaites, manda aux comédiens de la venir représenter chez luy, et S. Em. en fut si contente qu'elle le fit connoître à grand nombre de personnes qui y étoient présentes, et chargea Belleroze, chef de la troupe, de dire à l'auteur qu'il désiroit de le voir. Rotrou, sachant l'honneur que S. Em. lui faisoit, vint recevoir ses ordres peu de temps après, laquelle luy ayant témoigné plus de bonté qu'il n'en osoit espérer, il luy en marqua sa reconnoissance avec les termes les plus respectueux dont il se put servir pour luy témoigner son dévouement à tout ce qu'il auroit agréable de l'employer, et le désir extrême qu'il avoit de faire quelque chose qui lui pût plaire. Son Em. reçut cette soumission avec sa bonté ordinaire : Elle luy demanda plusieurs choses au sujet de sa famille, de la manière dont il vivoit, depuis quel temps il s'étoit attaché à faire des vers, s'il avoit bien des facilités à les faire, et luy dit qu'en attendant l'occasion de luy faire plaisir, il vouloit faire quelque chose pour luy incessamment, qu'il seroit bien aise qu'il le vînt voir quelques fois et qu'il pourroit s'adresser à l'abbé de Boisrobert qui étoit à Elle, lequel luy en faciliteroit le moyen. Peu de temps après, l'abbé de Boisrobert dit à Rotrou que S. Em. luy avoit accordé une pension de 600 livres, dont il devoit le remercier au plus tost, que cette somme luy seroit portée par le sieur des Bournetz, son premier valet de chambre, et qu'il la recevroit tous les ans avec bien de l'exactitude. Rotrou le pria de luy faciliter le moyen de faire ses remerciments, ce qu'il fit presque en même temps avec toute la reconnoissance qu'il devoit au grand ministre d'une grâce qu'il n'avoit point méritée et dont il se croyoit indigne. Son Em. releva cette soumission par des termes si obligeans que Rotrou se retira d'auprès

d'Elle plein de confusion et du désir de faire quelque chose
qui luy pût être agréable.

Il ne fut pas longtemps sans en trouver le moyen ; car
s'étant bien instruit des grands services que ce ministre ren-
doit tous les jours au Roy et qui étoient si avantageux à la
France, il fit une élégie à sa louange, dans laquelle il n'ou-
blia rien de tout ce qu'il devoit à la gloire de S. Em., qui
eut la bonté d'entrer en matière sur quelques expressions un
peu fortes au sujet du duc de Savoie, qu'il le pria d'adoucir,
quoique ce qu'il en disoit ne fût que trop véritable. C'est la
manière dont il lui parla [1].

Depuis ce temps Rotrou fut fort soigneux de faire sa
cour, et comme S. Em. luy témoignoit que ce qu'il faisoit
étoit fort de son goût, et que la facilité avec laquelle il s'ex-
primoit en vers pourroit bien l'obliger, lorsqu'il luy viendroit
quelques pensées, de les écrire et de les lui envoyer pour
exercer sa veine, cela eut bientôt son effet. Car Rotrou, étant
à quatre lieues de Paris chez un de ses amis, fut surpris lorsqu'un valet de pied de S. Em. luy apporta des mémoires
pour réduire en vers : ce qu'il fit, et les donna peu de temps
après à S. Em. qui en parut fort satisfaite, et luy donnoit de
temps à autres de pareilles occupations.

Lorsque l'on représentoit quelques-unes de ses pièces
devant Leurs Majestés ou devant S. Em., il ne manquoit
point de s'y trouver, et Leurs Majestés et le ministre luy di-

---

1. Ce fut vers cette époque (1636) que Rotrou reçut de Richelieu
le titre de gentilhomme ordinaire de sa chambre, titre qu'il porta
jusqu'à la mort du cardinal.

soient souvent des choses si obligeantes sur ses ouvrages, et,
à leur imitation, les plus grands seigneurs et dames de la
Cour, qu'il en revenoit tout comblé de grâces qu'il ne
croyoit pas mériter.

Dans les compagnies où il se trouvoit, soit de personnes
de la première qualité ou de ses amis, il ne parloit jamais
de ses ouvrages si l'on ne l'y forçoit, et quand cela arrivoit,
il le faisoit avec tant de simplicité qu'il paroissoit bien que ce
n'étoit que par un excès de complaisance. Ainsy l'on peut
dire qu'en cela il différoit bien de la plus grande partie des
poètes, lesquels, sans en être priés, accablent souvent dans la
conversation les personnes de leurs ouvrages.

Il avoit beaucoup d'amis à la Cour, et entre les autres
MM. de Liancourt et de Belin. Il ne faisoit point paroistre
ses ouvrages qu'il ne leur en eût fait la lecture, et quand
l'on savoit qu'il devoit les lire à l'hôtel de Liancourt, il s'y
trouvoit toujours des personnes du plus grand mérite auxquelles il en demandoit leur sentiment, qu'il suivoit avec
beaucoup de déférence et comme une grâce particulière
qu'elles luy faisoient. M. le comte de Belin, qui aimoit pas-
sionnément la comédie et qui savoit merveilleusement bien
distinguer les beaux vers d'avec les mauvais, l'obligeoit de
l'accompagner tous les ans dans les voyages qu'il faisoit au
païs du Maine où il avoit de grandes terres, et le retenoit
trois ou quatre mois dans celles du bourg d'Averton et de
Lorgerie, d'où il ne sortoit point pour revenir à Paris qu'il
n'eût fait une ou deux pièces de théâtre, que les comédiens
de l'Hôtel de Bourgogne attendoient et annonçoient souvent
plus de trois ou quatre mois avant leur représentation, bien

persuadés qu'elles y seroient bien reçues, par le soin que l'auteur prenoit de donner aux acteurs et aux actrices des rôles convenables à leur génie.

M. Scarron, qui avoit un génie particulier pour la poésie et dont le mérite a été connu de toute la France, étant aussi ami de M. le comte de Belin et fort attaché à sa personne, avoit la complaisance de l'accompagner tous les ans dans les voyages qu'il faisoit au païs du Mayne. Ce fut une occasion à Rotrou de se lier avec luy d'une extrême amitié, dont il l'a honoré tant qu'il a vécu.

Comme Rotrou ne travailloit que pour la troupe de l'Hôtel de Bourgogne et que Corneille l'aîné ne donnoit ses ouvrages qu'à celle du Marais dont Mondori étoit le chef, il sembloit que ces deux différents objets devoient causer quelque jalousie entre ces deux poètes qui se suivoient de fort près ; mais, bien loin que cela fût, ils étoient liés d'une amitié réciproque et parloient de leurs ouvrages avec toute l'estime qu'ils devoient ; et cela a paru plusieurs fois par des élégies qu'ils faisoient à la louange l'un de l'autre, lesquelles ils mettoient bien souvent à la tête de leurs ouvrages.

Les poètes qui travailloient encore pour le théâtre en ce temps-là étoient MM. de Scudéry, Mairet, Colletet, du Ryer et Benserade ; ils firent quelques pièces de théâtre, mais en petite quantité, qui furent bien reçues; et il y en avoit encore quelques autres dont les ouvrages n'étoient pas suivis. Rotrou vivoit parfaitement bien avec les uns et les autres, et ils étoient tous de ses amis.

Les autres auteurs contemporains, qui étoient des personnes distinguées et dont les ouvrages qu'ils ont laissés sont

encore estimés de tout le monde, étoient M. Godeau, évêque
de Vence et de Grasse, M. de Vaugelas, Chapelain, Conrart,
de Lestoille, Furet, qui étoient tous amys de Rotrou, et particulièrement M. Godeau [1], qui luy disoit, un peu avant son
décès, qu'il luy donnoit encore une année ou deux pour
s'exercer avec les muses profanes, après quoy il comptoit fortement qu'il s'attacheroit aux ouvrages de dévotion, où il
étoit assuré qu'il réussiroit merveilleusement bien. Ce conseil,
bien loin de n'être pas agréable à Rotrou, entra bien avant
dans l'inclination dans laquelle il se trouvoit de penser sérieusement et solidement à sa principale affaire, et il s'y attachoit
sy fortement qu'environ deux ans avant sa mort, il ne manquoit guères de jour d'aller deux heures devant le Saint-Sacrement prier et méditer avec une profonde dévotion sur nos
plus sacrés mystères.

En l'année 1650, la ville de Dreux, dont il étoit un des
principaux officiers [2], fut affligée d'une dangereuse maladie.
C'étoit une fièvre pourprée, avec des transports au cerveau,
dont on mouroit presque aussitôt que l'on en étoit attaqué,

1. On sait que Godeau, comme Rotrou, était né dans la ville de
Dreux.

2. Dès l'année 1639, Rotrou avait le titre de lieutenant particulier
au comté et bailliage de Dreux : à partir de l'année 1643, dans les
actes de baptême de ses enfants (Françoise-Marie, le 22 juin 1643,
Jean le 24 décembre 1644, Elisabeth le 23 septembre 1646, Claude
le 15 décembre 1647), il est intitulé « noble homme Jehan de Rotrou,
« seigneur de Thoiry, conseiller du Roy, lieutenant particulier civil
« et criminel, assesseur et commissaire examinateur au comté et
« bailliage de Dreux ».

et qui enlevoit en un jour jusques à 25 ou 30 personnes des plus considérables de la ville. Cela obligea son frère, qui étoit depuis longtemps à Paris, de luy écrire et de le prier fortement de sortir d'un lieu aussi périlleux que celui où il étoit et de venir chez luy, ou bien qu'il se retirât dans une terre qui luy appartenoit (Thoiry) et qui n'étoit éloignée que de dix lieues de Dreux et de Paris, et où l'air étoit admirable. Il luy fit réponse qu'étant seul dans la ville qui pût veiller à faire garder la police nécessaire pour essayer de la purger du mauvais air dont elle étoit infectée, il n'en pouvoit sortir, le lieutenant-général en étant absent et le maire venant de mourir ; que c'étoit la raison pour laquelle il avoit remercié Mme de Clermont d'Antragues de la grâce qu'elle luy vouloit faire de luy donner un logement dans son château de Mézières, qui n'étoit éloigné de Dreux que d'une petite lieue, et qui l'empêchoit aussi d'accepter l'offre qu'il lui faisoit. « Ce n'est « pas, ajoutoit-il, que le péril ne soit fort grand, puisqu'au « moment que je vous escrips, les cloches sonnent pour la « vingt-deuxième personne qui est morte aujourd'huy. Elles « sonneront pour moy quant il plaira à Dieu. Je suis, etc[1]. »

Cette lettre fut la dernière qu'il écrivit ; car, peu de

---

1. On conserve à l'Hôtel-de-Ville de Dreux le prétendu original de cette lettre : malheureusement la fausseté de cette pièce est manifeste. Elle est l'œuvre de Vrain Lucas, le fameux faussaire qui abusa pendant si longtemps de la bonne foi de Michel Chasles. Le contexte de la pièce est en grande partie conforme à la lettre même de Rotrou ; mais Lucas y a ajouté de son chef la phrase suivante qu'on a gravée sur le socle de la statue de Rotrou à Dreux : « Le salut de mes con- « citoyens m'est confié, j'en réponds à la patrie. »

temps après, ayant été attaqué d'une fièvre pourprée avec de grands assoupissements, il demanda les Sacremens qui luy furent administrés dans une parfaite connoissance et qu'il reçut avec une parfaite résignation à la volonté de Dieu, qui le retira de ce monde peu de temps après, le 27e jour de juin l'année 1650, âgé de 40 ans, regretté non seulement de ses proches et de ses amis, mais encore de tous les habitans de la ville de Dreux et des lieux circonvoisins, dont il étoit estimé et parfaitement aimé.

Il a donné à l'impression 35 ou 36 pièces de théâtre, qui ont eu toutes de très favorables succès. Il les faisoit avec tant de facilité qu'il y en a plusieurs qui ne luy ont pas coûté un mois de temps, et quoiqu'il y a près de cinquante ans qu'il soit mort, l'on ne laisse pas de représenter tous les ans devant Leurs Majestés et sur le théâtre des Comédiens l'une de ses dernières intitulée *Le Venceslas,* laquelle y est toujours reçue avec de grands applaudissemens. Il a fait quantité de petites œuvres qui ont été très estimées dans leur temps, et qu'il est difficile de recouvrer par le peu de soin que luy et les siens ont pris de les rassembler.

A l'égard des pièces de théâtre, en voicy le catalogue, selon les temps qu'elles ont été faittes, et dont la plus grande partie se trouvent encore aujourd'hui entre les mains de son frère.

1. *L'Hipocondriaque* ou l'*Amoureux mort,* tragi-comédie, 1630.
2. *La Bague de l'oubli,* tragi-comédie, 1631.
3. *Les Occasions perdues,* tragi-comédie, dédiée à M. le comte de Fiesques, 1632.

4. *Amélie*, tragi-comédie, 1633.

5. *L'Heureuse Constance*, tragi-comédie, dédiée à la Reine, 1633.

6. *L'Heureux Naufrage*, tragi-comédie, 1634.

7. *Les Ménechmes*, traduits de Plaute, ou *les Frères ju-meaux*, comédie, dédiée à M. le comte de Belin, seigneur du bourg d'Averton, 1634.

8. *Les deux Sosies*, ou *l'Amphitrion* de Plaute, comédie, dédiée à M. de Liancourt, 1634.

9. *Cléagénor et Doristée*, tragi-comédie, dédiée à Mgr le cardinal de Richelieu, 1635.

10. *L'Hercule mourant*, tragédie, 1635.

11. *Céliane*, tragi-comédie, dédiée à Mme la marquise de Pezé, 1635.

12. *La Pélerine amoureuse*, tragi-comédie, 1636.

13. *La Filandre*, comédie, 1636.

14. *La Belle Alfrède*, comédie, 1636.

15. *L'Agésilan de Colchos*, tragi-comédie, dédiée à Mme de Combalet, qui a été depuis Mme la duchesse d'Ai-guillon, 1637.

16. *Les Captifs* ou *les Esclaves*, comédie, 1637.

17. *L'Iphigénie*, tragédie, dédiée à M. le duc de Créqui, 1638.

18. *Crisante*, tragédie, dédiée à Mlle de Congneulx, 1638.

19. *L'Antigone* ou *les Frères thébains*, tragédie, dédiée à M. le comte de Guébriant, depuis maréchal de France et général des armées du Roy en Allema-gne, 1639.

20. *Clarice*, comédie, traduite de l'auteur italien Sforça Doddi, 1640.

21. *Laure persécutée,* tragi-comédie, 1641.

22. *Alfrède,* tragédie, 1641.

23. *Bélizaire,* tragédie, dédiée à M. le duc de Guise, 1642.

24. *La Sœur,* comédie, 1642.

25. *Le Véritable Saint-Genest,* comédie, 1643.

26. *Célie* ou *le Vice-roi de Naples,* tragi-comédie, 1644.

27. *Cosroës, roi de Perse,* tragédie, 1645.

28. *Venceslas,* tragi-comédie, 1646.

29. *Amarilis,* pastorale, ou *Célimène,* dédiée à M. le comte de Nanteuil, 1647.

30. *Dom Lopes de Cardonne,* tragi-comédie, 1648.

Comme on le voit, Pierre Rotrou, tout en disant que son frère a fait imprimer 35 ou 36 pièces de théâtre, n'en cite que 30 : c'était sans doute les seules qu'il eût entre les mains. Pour compléter cette liste, nous citerons encore *la Diane,* comédie, *Clorinde,* comédie, *les Deux Pucelles,* tragi-comédie, *dom Bernard de Cabrère,* tragi-comédie, et *Florimonde,* comédie. Enfin, après la mort du grand poëte, on imprima le « Dessin du « poëme de la grande pièce des machines de *la Nais-* « *sance d'Hercule,* dernier ouvrage de M. de Rotrou, « représenté sur le théâtre du Marais, en 1650. »

La meilleure édition des œuvres de Rotrou est celle qui a été donnée en 1820 par Viollet-Leduc, chez De-soer (Paris, 5 vol. in-8°). Nous mentionnerons aussi un

travail de Saint-René-Taillandier : *Rotrou, sa vie, ses œu-*
vres. Paris, Lahure, 1865, in-12.

4 Septembre 1872.

Dans sa préface de Cléagénor et Doristée, Rotrou
appelle cette comédie la cadette de trente sœurs prêtes à
la suivre. Nous n'avons aucune notion de ces trente comédies : c'était là probablement de ces pièces à trois écus,
que l'on écrivait en une nuit[1], et qui servaient à dé-
frayer les troupes de comédiens auxquelles l'auteur
était attaché. Rotrou paraît en effet s'être mis dans sa
jeunesse aux gages d'une de ces troupes de campagne
qui exploitaient la province, comme on le voit dans le
Roman comique. C'est au moins ce qu'on peut conjec-
turer d'une conversation de Chapelain avec le poëte
Godeau, après que le comte de Fiesque lui eut présenté Rotrou. « C'est dommage, dit l'auteur de *la Pu-*
« *celle,* qu'un garçon de si beau naturel ait pris une

---

1. Alexandre Hardy, l'un des prédécesseurs de Rotrou dans le
genre tragique, avait composé près de 600 pièces, toutes en 5 actes.

« servitude si honteuse. » Et Gaillard, dans sa *Mono-machie*, s'exprime ainsi :

Corneille est excellent, mais il vend ses ouvrages ;
Rotrou fait bien les vers, mais il est poëte à gages.

Chapelain, en parlant à Godeau, avait ajouté : « Il
« ne tiendra pas à moi que nous n'affranchissions bien-
« tôt ce jeune homme de sa servitude. » Fut-ce les
conseils de Chapelain ? ne fut-ce pas plutôt la protection du cardinal de Richelieu qui arracha Rotrou aux
engagements qu'il semble avoir contractés avec une
troupe nomade ? ou bien encore ne peut-on pas attri-
buer cette heureuse délivrance à l'influence de Corneille, qui collaborait avec celui qu'il nomme son *Père*
aux pièces inspirées par Richelieu ? On a trop souvent
fait l'histoire des relations de Corneille et de Rotrou
pour que nous voulions nous appesantir sur ce sujet.

Une des gloires de Rotrou est d'avoir précédé nos
grands poëtes tragiques : Corneille, Racine et Molière,
et d'avoir souvent été imité par eux. Dans sa tragédie
du *Cid,* Corneille ne s'est-il pas inspiré de ces vers que
Rotrou, dans l'*Agésilan de Colchos,* met dans la bouche
de la reine de Guindaye, poursuivant la mort du perfide
Florisel, son amant :

Enfin, cruel honneur, je dois te satisfaire ;
Mais qu'il m'est dur aussi de perdre Florisel !..
Je souhaite et je crains d'apprendre son trépas......
Je demande sa mort et désire sa vie......
L'une et l'autre m'est dure, et l'une et l'autre est douce ;
Mon amour me retient quand ma fureur me pousse...

Et Racine, dans *Iphigénie en Tauride,* ne s'est-il pas souvenu de ces vers de la fille de Clytemnestre implorant la pitié d'Agamemnon, dans l'*Iphigénie* de Rotrou :

S'il vous souvient pourtant que je suis la première
Qui vous ait appelé de ce doux nom de père,
Qui vous ait fait caresse, et qui sur vos genoux
Vous ait longtemps servi d'un passe-temps si doux.

Enfin, dès l'année 1636, Rotrou, dans *les Deux Sosies,* avait écrit ces vers que Molière transporta dans son *Amphitryon :*

Moi que j'ai rencontré, moi qui suis sur la porte ;
Moi qui me suis moi-même ajusté de la sorte ;
Moi qui me suis chargé d'une grêle de coups :
Ce moi qui m'a parlé, ce moi qui suis chez vous.

Outre ses pièces de théâtre, Rotrou composa un certain nombre d'épîtres, élégies, paraphrases des pseau-

mes, etc. Ces morceaux détachés furent publiés en
1631 par Toussaint de Bray, sous ce titre: *Œuvres poétiques du sieur Rotrou*. Nous en détacherons le morceau
suivant :

> Mon Dieu, que ta bonté rend mon esprit confus !
> Qu'avecque raison je t'adore,
> Et combien l'enfer en dévore
> Qui sont meilleurs que je ne fus !
> Les rayons de ta grâce ont éclairé mes sens :
> Le monde et ses plaisirs me semblent moins qu'un verre ;
> Je pousse encor des vœux, mais des vœux innocents
> Qui montent plus haut que la terre !

Enfin nous rapporterons une pièce de vers adressée
au poëte chartrain du Laurens, qui venait de faire
paraître la *Coutume de Châteauneuf*, avec les notes de
Dumoulin et ses propres Commentaires.

> Quiconque voit ton livre est forcé d'avouer
> Qu'il en découvre tant et de si belles choses
> Qu'on te croira toujours sans par trop te louer,
> Plus digne d'être auteur des textes que des gloses.
> Les maîtres de nos loix, pour t'avoir précédé,
> Ont été plus heureux, non pas plus politiques,
> Et si le sort eût fait qu'ils t'eussent succédé,
> Ils t'eussent expliqué comme tu les expliques.

Si de ton livre enfin je prévois le succès,
Il ne peut qu'être utile, hormis à nos offices.
Car, en tranchant le cours de beaucoup de procès,
Il tranchera l'espoir de quantité d'offices.

En 1811, l'Académie française mit au concours
pour prix de poésie *la Mort de Rotrou*, et ce fut Mille-
voye qui remporta le prix. Tout récemment, en 1882,
la même Académie proposa pour sujet du prix d'éloquence *l'Éloge de Rotrou*. Une mention honorable fut
accordée à M. Félix Hémon, professeur de rhétorique
au lycée de Brest.

Le 30 juin 1867, eut lieu à Dreux l'inauguration de
la statue de Rotrou. On publia, à cette occasion, les
opuscules suivants :

Rotrou (Jean), dit le Grand. Ses ancêtres et ses descen-
dants ; sa vie. Coup d'œil sur l'art à son époque et sur ses
œuvres. Chroniques extraites des manuscrits d'une de ses
petites-filles, la comtesse Olympe Milon de Lernay. Compte
rendu de la solennité pour l'inauguration de la statue du
poète illustre, magistrat héroïque, à Dreux, sa patrie.
Dreux, Lemenestrel, 1869, in-8°.

Rotrou, son dévouement, juin 1650. Érection de sa
statue, 30 juin 1867, par Vramant père. Nogent-le-
Rotrou, Gouverneur, 1867, in-4°.

XV

MATHURIN BOURLIER

1600-1650 environ

MATHURIN BOURLIER

Mathurin Bourlier appartenait à une des plus honorables familles de Dreux : il exerça les fonctions de conseiller et de procureur du Roi en l'Election et au Grenier-à-sel de Dreux ; il épousa Françoise Brochand, fille d'Alain Brochand, maître de panneterie du Roi : nous n'avons malheureusement pas d'autres renseignements sur son état civil.

Comme Godeau, Claude Nicole et tant d'autres, il commença par faire des poésies légères : c'est lui qui nous l'apprend :

> *Imaginaires déitez,*
> *Fausses puissances du Parnasse,*
> *Muses, ma veine enfin se lasse*
> *D'invoquer vainement toutes vos vanitez ;*

car nous n'avons pu retrouver nulle part trace de ces

productions de la jeunesse de Mathurin Bourlier. Il fut attaqué d'une maladie terrible : « Je vous diray sans « mentir, Monseigneur, écrit-il dans une épitre dédica- « toire, que j'ay souffert depuis peu des douleurs si « estranges qu'il est impossible de les concevoir sans « les éprouver. » A plusieurs reprises, il revient dans ses vers sur les maux qu'il a soufferts :

> Languissant dessus une couche,
> Je sens des maux si furieux
> Qu'il n'est rien de prodigieux
> Comme la douleur qui me touche.
> Je n'ay ny trêve ny repos,
> Je ne suis plus qu'un monceau d'os,
> Rien n'est égal à ma misère :
> Chacun me fuit, et je fais peur ;
> Mesme quand je me considère,
> Mon corps à mes regards est un objet d'horreur.

Au milieu de ses souffrances, la grâce divine le toucha, et il résolut de consacrer le reste de sa vie à chanter les louanges du Dieu qui l'avait sauvé. Il com- posa des paraphrases sur des hymnes et des proses sacrées, le *Veni Creator,* le *Te Deum,* le *Salve regina,* etc., sur les plus beaux psaumes de David, le *De Pro- fundis, Exaudiat, Benedic, anima mea,* etc. Soutenu

par le texte sacré, Bourlier a d'heureuses inspirations :
il ne tombe pas dans la trivialité comme beaucoup de
ses contemporains, et même quand il abandonne les
traductions et les paraphrases, la grandeur de son sujet
le préserve du mauvais goût de l'époque. Nous citerons
quelques vers d'une *Élégie à Tirsis :*

> *Ce faux Dieu dont les loix authorisent les crimes,*
> *A qui mes passions offroient tant de victimes,*
> *Qui veut qu'en sa foiblesse on cherche un ferme appuy*
> *Et qui veut que l'on soit aveugle comme luy,*
> *N'est plus le Dieu, Tirsis, qui gouverne mon âme ;*
> *Et je suis plus pour luy de glace que de flâme.*
> *Ce n'est plus luy, Tirsis, qui me tient asservi,*
> *Et si je pleure encor c'est de l'avoir suivi.*
>
> . . . .
>
> *Celuy qui d'un seul mot a basty l'univers*
> *Est celuy que j'adore et celuy que je sers,*
> *J'ayme et je sers un Dieu qui créa toutes choses*
> *Et de qui les secrets nous sont des lettres closes.*
> *J'ayme et je sers un Dieu qui le premier m'ayma ;*
> *J'ayme et je sers un Dieu dont la main me forma,*
> *Un Dieu qui me voulut tirer de la poussière,*
> *Un Dieu qui me bastit d'une vile matière.*
>
> . . . .

Nous ne voulons pas, au reste, nous arrêter

davantage sur les poésies de Mathurin Bourlier : nous ne mentionnerons qu'une pièce intitulée : *Prière à la Saincte Vierge,* où le poète rappelle le pèlerinage qui se faisait à Cocherel, en la chapelle de Notre-Dame-de-la-Ronde.

Nous connaissons de Bourlier les deux ouvrages suivants :

1° *Les Poésies chrestiennes de M. Bourlier, procureur du Roy en l'Eslection de Dreux.* Paris, Ant. de Sommaville, 1640, in-16, précédées d'une épitre dédicatoire à messire Edouard Le Camus, Conseiller du Roy en ses Conseils d'Estat et privé, et son procureur général en la Cour des Aydes à Paris.

2° *Pseaumes pour le Roy par le sieur Bourlier, advocat en Parlement et procureur de sa Majesté au Grenier-à-sel de Dreux.* Paris, Ant. de Sommaville, 1645, in-16, avec une dédicace à Mgr l'éminentissime cardinal Mazarin.

Indépendamment de ces deux ouvrages, Bourlier avait composé, comme nous l'avons dit, des poésies légères ; mais nous ignorons si elles furent imprimées : outre ses poésies chrétiennes, nous n'avons pu retrouver de lui qu'un quatrain sur Clément Métézeau et deux Éloges des cardinaux Richelieu et Mazarin.

5 Septembre 1873.

XVI

JACQUES DU LAURENS

1580-1655

JACQUES DU LAURENS

Le poëte dont nous voulons vous entretenir en ce moment n'est pas le premier venu ; il a sa place marquée dans toutes les bibliothéques sérieuses. Et cependant nous hésitons avant d'écrire son nom ; c'est que nous ne sommes pas bien certain de le reproduire exactement. Il signe *du Lorens* une épître dédicatoire placée à la tête de la 3e édition de ses œuvres ; d'un autre côté, dans toutes les pièces officielles, dans les registres de l'état civil de la paroisse de Châteauneuf, nous voyons toujours son nom écrit *du Laurens,* c'est donc cette dernière orthographe que nous croyons devoir adopter.

Cela dit, nous allons esquisser rapidement la biographie de du Laurens, et dire quelques mots de ses ouvrages.

On ne sait trop où il naquit, mais il nous semble vraisemblable que ce fut à Châteauneuf, en l'année 1580, comme semble le prouver une inscription gravée autour d'un de ses portraits : *Jacques Dulorens, anno Domini 1644, ætatis suæ 64.* Lui-même, dans une de ses satires, dit qu'il est né sur les lisières de la Normandie, ce qui peut s'appliquer à Châteauneuf-en-Thimerais. Il alla à Paris prendre ses degrés, et se fit recevoir docteur en droit et avocat au Parlement. Ne réussissant pas à son gré, il abandonna la capitale et vint s'établir à Chartres comme avocat au présidial.

Le même caractère qui poussa du Laurens à écrire des satires lui attira l'animosité des magistrats : dans une de ses plaidoiries, il se laissa aller un peu trop loin et fut blâmé par arrêt de la Cour. Ces difficultés contribuèrent-elles à lui faire prendre la ville de Chartres en dégoût, ou plutôt ses vers, qui circulaient manuscrits, ne lui gagnèrent-ils pas la faveur de Charles de Gonzague, alors duc de Nevers-Mantoue et seigneur de Châteauneuf? Toujours est-il que du Laurens s'empressa de profiter de l'offre fort avantageuse que lui faisait ce seigneur de le nommer bailli vicomte de Châteauneuf, en remplacement du sieur du Louvis, Mathurin de la Chaussée, qui venait de décéder.

Du Laurens prit possession de l'office de bailli en 1613; quelques années plus tard (1619), il obtenait les provisions de lieutenant-général du bailliage de Châteauneuf et président de nouvelle élection.

Si l'humeur caustique de notre magistrat lui avait
suscité de fâcheuses affaires à Chartres, elle semble lui
en avoir également attiré à Châteauneuf. Dans un
mémoire rédigé par Jean-Baptiste Pigousse, lieute-
nant-particulier de Châteauneuf, qui était alors, il est
vrai, en procès avec du Laurens, il est dit que ce dernier
« étoit d'une humeur si peu accommodante que jamais il
« ne put vivre en paix et sans avoir de différends avec
« quelqu'un, n'ayant laissé un seul des officiers et
« principaux habitants de Châteauneuf exempt de ses
« offenses ordinaires ».

Le portrait est sans doute un peu chargé, car voici
ce que du Laurens nous apprend lui-même dans sa
satire XI, adressée à un de ses amis qui lui conseillait
de se produire à Paris, à la cour du roi de France.

> J'ay du bien, grâce à Dieu, ce qu'il m'en faut pour vivre ;
> Je mange fort peu seul ; jamais je ne m'enyvre ;
> Si je n'ay des Estats, estant homme privé,
> Je m'en couche plus tost, j'en suis plus tard levé.
>
> . . . .
>
> Je suis fort respecté de Jacques mon voisin ;
> Le Seigneur du village est un peu mon cousin ;
> Le Curé me caresse, ainsi fait le Vicaire ;
> Je fais ce que je veux de Monsieur le Notaire :
> Nous buvons tous ensemble en tirelarigot,
> Et que j'aille à la Cour ! je ne suis pas si sot.

C'est surtout par ses Satires que du Laurens est
connu, et il n'est pas étonnant que ce genre de poésie
lui ait créé des ennemis. Nous ne voulons pas prétendre
qu'il soit l'égal de Régnier et de Boileau ; mais on
remarque dans ses vers un jugement solide, beaucoup
d'esprit, des expressions hardies, des tours neufs, une
versification aisée. Il a traité plusieurs sujets que Boileau
a repris après lui, et il a certainement fourni au célèbre
satirique plus d'un trait que celui-ci n'a fait que rajeunir.
Ainsi la satire IX de du Laurens a sûrement servi de
modèle à la satire de Boileau sur *les embarras de Paris*.

C'est aux champs qu'il fait beau, c'est où manque ce bruit
Qui fait que dans Paris on ne dort pas la nuit.
Les hommes estans là vivent d'un autre style :
On n'y craint nullement la chute d'une tuile,
Ny d'être par hazard, marchant sur le pavé,
Entre deux crocheteurs dans la presse crevé,
Battu venant du bal ou de la comédie,
Volé par des filous, surpris d'une incendie.

Du Laurens avait épousé vers 1613 Geneviève
Langlois, héritière par sa mère de Lancelot Poulard,
sieur d'Oiray, fief qu'elle apporta en dot à notre poète
et dont il prit le nom. Mais si Geneviève Langlois était
un parti avantageux au point de vue de la fortune, il

paraît que par les difficultés de son caractère elle rache-
tait l'aisance qu'elle apportait à son mari. Celui-ci
regretta plus d'une fois la chaîne qu'il s'était imposée :

Au lieu de me jetter un jour par la fenestre
Je souffris que l'on mist à mon col ce chevestre ;

et lorsque Geneviève mourut en 1652, il poussa un
éloquent soupir de soulagement[1] :

Cy gist ma femme!... ah! qu'elle est bien
Pour son repos et pour le mien.

Une de ses meilleures satires est d'ailleurs dirigée
contre le Mariage, et il y trace le portrait de sa femme :

Elle est mélancolique et hait tout passe-temps ;
Si parfois elle rit, c'est signe de beau temps.
Son humeur est fascheuse et contraire à la mienne.

. . . .

Tout ainsi qu'un prêcheur, s'il entend le métier,
Sur trois mots de saint Luc fait un sermon entier,

---

1. Jacques du Laurens se remaria en 1654 avec une demoiselle
Marie Duquenouiller. Il est plaisant de voir notre poète, qui raconte
avoir pris femme un jour où il avait le choix entre se marier ou se
jeter par la fenêtre, reprendre, à l'âge de 74 ans, un joug dont il
aurait voulu que sa propre expérience préservât ses amis.

Elle, sur un ruban, sur un linge, une écuelle,
Un mouchoir égaré, bastit une querelle
Qui commence au matin et n'achève qu'au soir.

De son mariage du Laurens eut deux filles, Geneviève (baptisée le 7 octobre 1615), qu'il maria à Albert de Ligneris, sieur de Saint-Jean, et Françoise (baptisée le 5 août 1625), qui épousa Jean-Antoine de Saint-Denis, sieur du Breuil. La fortune de notre poëte était, comme nous l'avons dit, assez considérable, car il donna au sieur du Breuil 24,000 livres pour dot de sa fille, et de plus lui abandonna la charge de président et lieutenant-général au bailliage de Châteauneuf. Nous avons entre les mains l'acte de partage des successions de Jacques du Laurens et de Geneviève Langlois[1], et outre les biens que notre poëte possédait à Blévy, au Boullay-Thierry, à Poisvilliers, à Boigneville, nous voyons qu'il avait une bibliothèque importante et surtout une collection de tableaux auxquels on attachait un grand prix[2].

1. Cet acte nous a permis de préciser la date de la mort de Jacques du Laurens. Les uns fixaient ce décès à 1648, le plus grand nombre avaient adopté l'année 1658 : en réalité c'est en 1655 que notre poëte décéda.

2. Dans une note jointe à un exemplaire des Œuvres de du Laurens que nous possédons, Hérisson rapporte que « ayant été le 26 « juin 1817 chez M. des Ligneris à Méréglise, il vit dans le cabinet

Du Laurens était en effet un amateur passionné de peinture : il nous le fait connaître lui-même dans sa satire V :

> Vignon, c'est à toy seul que ma Muse révèle
> Ce qu'à beaucoup de gens ma discrétion cèle :
> Je suis, comme tu sçais, soit nature ou hasart,
> Grandement amoureux des œuvres de ton art,
> . . . . et l'on me voit épris
> D'une toile que j'ay, dont tu sçais bien le prix,
> Qu'un de nos curieux apporta d'Italie.
>
> . . . .
> Mon petit cabinet des beautez me découvre
> Que je ne verrais pas dans les chambres du Louvre.
>
> . . . .
> Je suis bien plus touché de Paul dit Véronèse :
> Celuy que je possède est cause de mon aise.
>
> . . . .
> Une fille s'y voit près du petit Moyse,
> Après l'avoir péché retordant sa chemise ;
> Mais la fille du Roy, pleine d'affection
> Et de soin vers l'enfant, préside à l'action,
> En pompeux appareil au milieu de ses filles,
> Belle ce qui se peut, elles bien fort gentilles.

« de ce seigneur un exemplaire des Satyres de du Laurens, d'autant
« plus curieux qu'il s'y trouve le catalogue des tableaux qu'il pos-
« sédoit écrit sous sa dictée et dont le prix s'èlevoit à 12000 francs ».

Tout en rimant ses satires, tout en s'occupant de livres et de tableaux, du Laurens ne négligeait pas ses fonctions de président et de bailli. S'il voyait toutes les difficultés que le juge avait à vaincre,

Plus je repense aux maux que souffre un pauvre juge,
Plus je croy que pour luy dure encor le déluge ;

il voulait du moins faire tout le possible pour que les plaideurs n'eussent pas à rappeler de ses arrêts. Aussi avait-il fait une étude approfondie du droit coutumier et du droit romain, et il a laissé des commentaires sur les Coutumes de Chartres, de Dreux et de Châteauneuf, qui furent imprimés avec les notes de Ch. du Moulin (Chartres, Mich. Georges, 1627, in-24 et 1645, in-4).

Quant à ses œuvres poétiques, nous citerons les éditions suivantes : *Les Satyres du sieur du Lorens, divisées en deux livres.* Paris, Jacq. Villery, 1624, in-8° ; — *Les Satyres du sieur du Laurens.* Paris, Gervais Alliot, 1633, in-4°. — *Les Satyres de M. du Lorens, président de Chasteauneuf.* Paris, Ant. de Sommaville, 1646, in-4°.—Tout récemment, on vient de publier : *Satires de Dulorens, édition de 1646, contenant vingt-six satires, publiée par D. Jouaust, et précédée d'une notice littéraire par E. Villemin.* Paris, Jouaust, 1869, in-16.

20 Septembre 1873.

XVII

PIERRE DE BULLIOND

1742-1763

PIERRE DE BULLIOND

Le nom de cet auteur, que nous cherchions depuis longtemps, nous serait peut-être resté à tout jamais inconnu si le hasard n'avait fait tomber sous nos yeux cette note des *Mémoires secrets* de Bachaumont, à la date du 27 septembre 1763 : « M. de Bullionde, capi-« taine de carabiniers, chevalier de Saint-Louis, est « mort depuis quelque temps ; il n'avait que vingt-« deux ans. Son essai dans la littérature, *la Pétrissée,* « quoique des plus médiocres, mérite qu'on jette quel-« ques fleurs sur son tombeau. »

Ces quelques lignes satisfaisaient en partie notre curiosité, mais nous voulions en savoir plus long sur notre poëte. Le hasard encore nous a favorisé : dans les registres de l'état civil de la paroisse de Saint-Pellerin, nous avons trouvé l'inhumation, au 14 mai 1766, de « messire Michel de Bulliond, écuier, ancien gou-

« verneur des pages de Mgr le prince duc d'Orléans,
« ancien commissaire d'artillerie, âgé de cinquante-
« neuf ans. » C'est du mariage de Michel de Bulliond
et de Marguerite-Françoise Lebrun que Pierre naquit
en 1742, à Courtalain. Comme la plupart des jeunes
gentilshommes, il embrassa la carrière militaire, et
acheta une compagnie à la tête de laquelle il se distingua par sa bravoure, qui lui mérita la croix de Saint-
Louis. Mais, pour parler le style du temps, s'il obéis-
sait à Mars, il n'oubliait pas Vénus. Il le déclare lui-
même :

> *Du Dieu malin, pour ma ruine,*
> *Je n'ai que trop connu les traits.*
> *Las ! j'ai renoncé pour jamais*
> *A sa félicité divine,*
> *Depuis qu'ai vu que ses effets*
> *Nuisoient si fort à la poitrine.*

Il fut forcé de quitter pour un temps son régiment,
et, retiré à la campagne, il s'amusa à composer un
poème qui parut vers 1763, sans nom d'auteur : *La Pétrissée, ou Voyage de sire Pierre en Dunois, badinage en
vers.* La Haye, in-12, et à l'insu de Pierre de Bulliond.
Le poème était précédé d'une lettre qui expliquait
comment il avait été composé :

, Cet écrit est l'ouvrage d'un jeune homme qui atteint à peine son quatrième lustre, et qui s'est déjà rendu célèbre dans la carrière de la Gloire et des Lettres. Une maladie cruelle et presque incurable l'a forcé de suspendre pendant quelque temps ses travaux militaires, et il a employé ses loisirs à exercer des talens qui lui auroient acquis sans doute la plus grande réputation s'il avoit eu le temps de les cultiver. Mais, tourmenté par des douleurs continuelles, et se traînant insensiblement vers le tombeau, il chante sur la route pour se distraire des objets funèbres dont il est environné, et n'a pas le temps de s'arrêter pour perfectionner son poème. D'après cet avis, les lecteurs attendris ne pourront que plaindre et admirer le jeune auteur de cet ouvrage. Ils lui pardonneront les fautes qu'il n'a pas le loisir de corriger, comme des termes inusités, des enjambemens de vers, des phrases incomplètes, des inversions forcées, etc.

Il y a en effet beaucoup à pardonner dans le poème de Pierre de Bulliond : mais à cela rien de très surprenant. *La Pétrissée* n'a pas moins de 12 chants et renferme plus de 6000 vers : quand on songe que cette épopée est l'œuvre d'un jeune homme de vingt ans, quand on voit que les 12 chants roulent sur des pointes d'aiguille, on n'est plus étonné du jugement de Bachaumont ; c'est un poème très médiocre.

Le voyageur part de Paris par le coche pour se rendre à Courtalain ; il passe par Saint-Cloud, Sèvres, Versailles, Saint-Cyr, Rambouillet, Maintenon, Char-

tres, Bonneval, Châteaudun, et arrive enfin à Courtalain :

> *J'aperçois sur ce vert côteau,*
> *Flanqué d'une tour orgueilleuse,*
> *Cet antique et vaste château,*
> *Du chef d'une maison fameuse*
> *Et le domaine et le berceau.*
> *J'aperçois d'ici, jusqu'aux nues,*
> *De ces bois sombres et sacrés*
> *Et de ces chênes révérés*
> *Se dresser les têtes chenues.*
> *Du Soleil brisant les rayons,*
> *Souvent leur ombre impénétrable*
> *Aux amants de leurs verts gazons*
> *Offre la fraîcheur favorable.*

Nous avions espéré trouver, le long de ce parcours,
quelque description qui nous eût intéressé par l'époque
même où *la Pétrissée* avait été écrite : notre espoir a
été déçu ; Pierre de Bulliond se traîne dans des bana-
lités, qui toutes ou presque toutes ont trait à l'Amour,
à ses plaisirs ou à ses rigueurs. Il descend dans la
crypte de la cathédrale de Chartres, après avoir admiré

> *Ces deux clochers audacieux*
> *Qui, s'élançant, fendant la nue,*
> *Nouveaux Titans, à notre vue,*
> *Avoient paru braver les cieux.*

Mais il en fait une description si étrange que nous sommes fort tenté de croire qu'il ne la vit jamais ni en songe ni en réalité.

De la terre au sein pénétré
Se cintra cette sombre voûte,
Et de l'astre du jour sans doute
Jamais le rayon égaré
N'éclaira ces lieux qu'on redoute :
Mais on suspendit au plafond
Trois lampes pâles et funèbres
Dont la foible lueur répond,
Dans ces demeures de ténèbres,
Aux tombeaux qu'on voit dans le fond.

La Pétrissée ne mérite donc pas de nous arrêter plus longtemps : c'est une curiosité bibliographique, et rien de plus. Nous ne pouvions cependant oublier Pierre de Bulliond dans notre revue des poètes beaucerons : il avait certainement la fibre poétique ; l'âge et l'expérience lui manquèrent peut-être seuls pour faire une œuvre digne de lui survivre.

30 Août 1874.

XVIII

ESPRIT GOBINEAU

vers 1590 à 1649

ESPRIT GOBINEAU

La famille Gobineau joua un rôle considérable au
XVIIe siècle dans la magistrature chartraine : trois de
ses membres remplirent successivement les fonctions
de lieutenant-général criminel au bailliage et siège présidial de Chartres : en 1642, Jacques Gobineau, sieur
de la Libardière, marié à Marthe Lemaire et à Françoise
Lebeau ; un autre Jacques Gobineau, sieur de Beauvoir
et d'Auvilliers, lieutenant-général dès 1645, marié à
Anne de Bracquemont, et enfin Louis Gobineau, sieur
de Beauvoir, lieutenant-général en 1659, marié à Anne
Symon.

La répétition du même prénom, Jacques, rend difficile la généalogie des Gobineau. Nous rencontrons
encore un autre Jacques échevin de la ville de Chartres
en 1615 : serait-ce le même que Jacques Gobineau,
bourgeois de Châteaudun, marié à Françoise Boilleau ?

C'est de ce dernier que descendait Esprit Gobineau, qui était frère et cousin des lieutenants-généraux [1].

D'abord destiné à l'état ecclésiastique, Esprit Gobineau reçut les ordres mineurs, mais sa vocation n'alla pas plus loin. Il abandonna l'Église, et trouva une occupation près de Claude de Montescot, trésorier de la maison du Roi, qui dès longtemps était l'ami de sa famille ; mais ce n'était là qu'un emploi temporaire. Claude de Montescot parvint à placer son protégé comme secrétaire auprès de Pierre Leclerc de Lesseville, alors conseiller du Roi à Paris, et lorsque celui-ci fut nommé membre du Parlement de Metz qui venait d'être créé par Louis XIII, Esprit Gobineau le suivit dans cette ville. Grâce à la protection du sieur de Lesseville et de Paul le Chenevix, aussi membre du Parlement de Metz et son compatriote, il obtint une place de secrétaire auditeur aux enquêtes ; mais il ne la garda pas longtemps. Il était d'un caractère assez versatile, et il s'ennuya bientôt en Lorraine : il donna donc sa démission de secrétaire auditeur, et il se rendit à Paris vers 1640 pour s'occuper d'alchimie.

Ce fut à Metz qu'Esprit Gobineau composa et fit

1. En tête du *Sacré Mont-Carmel* est un acrostiche en l'honneur d'Esprit Gobineau, signé par Jacques Gobineau, conseiller du Roi à Chartres, cousin-germain de l'auteur.

imprimer trois petits poëmes, qui se ressentent de sa première vocation. Les titres sont fort ambitieux, et, si l'on en croit l'abbé Goujet, Gobineau s'attribuait à l'avance une immortalité digne de la magnificence de ces titres. « Il prit la plume, fit beaucoup de mauvais vers, « et crut avoir composé un ouvrage digne de l'im- « mortalité. » Ce jugement est peut-être un peu sévère, cependant nous n'osons pas trop protester contre.

Quoi qu'il en soit, voici le titre du premier des poëmes de notre auteur : *Le Sacré Mont Carmel, où se veoid l'excellence de l'ordre de Notre-Dame des Carmes, son antique institution, merveilles et miracles opérez en iceluy par les Prophètes, Patriarches, Pontifes, saints Docteurs et Vierges bienheureuses, mis en vers françois par Esprit Gobineau, sieur de Mont-Luisant, chartrain.* Metz, Claude Félix, 1632, in-4°. Gobineau sacrifie à la mode du jour : les acrostiches et les anagrammes abondent dans ses œuvres. Il débute ainsi :

Cher lecteur, qui te sens doucement animer
Pour chanter les louanges du céleste Monarque,
Regarde, je te prie, et, curieux, remarque
Que CARMEL *c'est* CLAMER, *et* CLAMER *fait* CALMER.

Puis, il raconte l'origine et l'histoire de l'ordre des

Carmes. Suivant lui, la vierge Marie fonda elle-même un monastère de 150 filles de *l'ordre Carmélitain,* après l'ascension de son fils Jésus-Christ. Depuis 1630 ans, les Carmes ont le titre glorieux de *Frères de la Vierge,* parce qu'il est notoire que la Vierge les a visités en personne, et que ce titre leur est assuré par les brefs du siège apostolique. Ils portaient primitivement l'habit blanc qu'ils tenaient du prophète Elie ; mais, comme les prêtres des faux dieux avaient également des vête-ments blancs, Humart, roi d'Arabie et fauteur de Maho-met, contraignit les Carmes, en 636, à prendre des habits barrés de blanc et de roux.

Célébrant le mont Carmel, il ajoute :

> *Ce fut donc sur ce mont que fut mise en pratique*
> *La vie monastique et la cénobitique ;*
> *Ce fut là que l'on fit les vœux de chasteté,*
> *De l'humble obéissance et de la pauvreté,*
> *Vœux qui vont contenant la pure et vraye essence*
> *De la Religion, et sont sa subsistance.*

Nous ne suivrons pas plus avant Esprit Gobineau dans son histoire fantastique de l'ordre de Carmel ; nous ne relèverons pas l'enflure de ses expressions, la har-diesse de ses métaphores ; nous allons en avoir un exemple frappant dans la dédicace de son second poëme : *L'ordre sacré de la sainte Prestrise, mis en vers françois par Esprit Gobineau, sieur de Mont-Luysant, chartrain*. Metz, Claude Félix, 1633, in-4°.

Voici cette dédicace :

A Messieurs les vénérables prestres de la chère espouse de Jésus-Christ, l'Église catholique, apostolique et romaine.

Messieurs, l'esclat de la foy et la douce splendeur des divins sacremens ayant illuminé mon âme et dissipé, par leur belle clarté, les ténébreux nuages des péchés qui empeschoient mon esprit de cognoistre les faveurs que m'a faictes Jésus, fils de Marie, je demeuré tout consolé. Mais comme ceste consolation m'a esté administrée par un dévôt vicaire du grand prestre éternel, j'ay pris résolution de chanter l'excellence de *l'Ordre sacré de la saincte Prestrise*. Les divins cayers m'en ont fourny le subject, de sorte que, parcourant l'ample jardin des Prophètes, les beaux compartimens des Evangélistes, les verdoyantes allées des Apostres et les florissans cabinets des pieux Docteurs, j'y ay recueilly des fleurs divines, desquelles chrestiennement ayant faict un bouquet, je prends la hardiesse de vous le dédier, tant pour satisfaire au debvoir de la recognoissance que pour faire voir l'estime que je fais de vos vertus et de vos mérites.

Le début du poëme ne manque pas d'une certaine ampleur :

Dieu tout-puissant, tout-bon, tout-sage et tout-parfaict,
Qui maintiens l'univers que de rien tu as faict,

Qui donnas l'estre à tout, et dont la main féconde
A décoré les cieux, la terre, l'air et l'onde,
Octroye, je te prie, octroye-moy le bien
De pouvoir, en ces vers, chanter ce qui est tien.
Permets, ô mon Seigneur, que de docte maistrise
Je die la grandeur de la saincte Prestrise,
Afin que cil qu'ignore et ta foy et ta loy
La puisse révérer comme venant de toy.

La suite malheureusement ne répond pas toujours à ce commencement. C'est plutôt un sermon qu'un poème : l'auteur l'a compris lui-même, et il en fait ses excuses :

Voilà, lecteur chrestien, ce qu'un pauvre pêcheur
Descrit pour t'approcher du céleste Empereur.
C'est un rude discours ; mais quoi ? la conscience
Ne prend pas son salut dans l'onde d'éloquence.

Le troisième poème d'Esprit Gobineau semble tout d'abord, d'après son titre, devoir sortir de la poésie sacrée qui a inspiré *le Sacré Mont-Carmel* et *l'Ordre sacré de la Prestrise* : *La Royale Thémis, qui contient les effets de la Justice divine, humaine et morale ; l'establissement de la Cour de Parlement à Metz, et les Acrostiches sur les noms de Nosseigneurs de la dite Cour, par Esprit Gobineau, sieur de Mont-Luisant, chartrain.* Metz, Claude

Félix, 1634, in-4°. Mais, à part un petit nombre de vers sur l'institution des Parlements et spécialement du Parlement de Metz, à part un éloge hyperbolique du roi Louis XIII, tout le poëme, qui contient plus de 1000 vers, est un long traité sur la Justice divine, en parlant d'abord du Paradis, de la révolte de Lucifer, de la création de l'homme et de sa chute, du meurtre d'Abel, du Déluge, de Sodome et Gomorrhe, du passage de la mer Rouge, puis en s'appesantissant en détails infinis sur l'annonciation, la naissance, la vie, la passion et la mort de Notre-Seigneur Jésus-Christ. L'auteur termine ainsi son ouvrage :

Juste législateur, Juge de l'univers,
Qui guerdonne les bons et punis les pervers,
Je te prie humblement d'illuminer sans cesse
Ces graves sénateurs, augmenter leur sagesse,
Conserver leurs santez, et sur leurs actions
Respandre abondamment tes bénédictions,
Affin que chacun d'eux exerce la justice
A ton honneur et gloire, et qu'en cest exercice
Ils puissent contenter le plus juste des Roys,
Maintenir son estat, la police et les loix,
Protéger l'orphelin, la vefve et l'innocence,
Et faire chastyer des iniques l'offence.
Après cela, grand Dieu, fais qu'en leur dernier jour
Ils soient tous sénateurs dans la céleste Cour.

Comme nous l'avons dit, Esprit Gobineau vint s'établir à Paris vers 1640, avec l'intention de s'occuper d'alchimie. Nous connaissons une dissertation, fruit de ses nouvelles études : *Explication très curieuse des énigmes et figures hiéroglyphiques physiques, qui sont au grand portail de l'église cathédrale et métropolitaine de Notre-Dame de Paris.* Cette nouvelle œuvre ne rentre pas dans notre cadre, mais nous croyons devoir la signaler, comme spécimen de la science archéologique au commencement du XVIIe siècle. Elle a été récemment réimprimée par Didron dans les *Annales archéologiques* (1861, t. XXI).

3 Octobre 1874.

XIX

HUGUES SALEL

1504-1553

HUGUES SALEL

Hugues Salel, aujourd'hui fort inconnu et qui cependant eut l'honneur d'être le poëte favori de François Ier, naquit à Cazals en Quercy vers l'année 1504, et mourut dans l'abbaye de Saint-Cheron-lès-Chartres en 1553. Il fit ses études dans la ville de Lyon et y demeura plusieurs années. C'est là qu'il commença à se faire connaître par sa facilité de versification. Sacrifiant au goût de l'époque, il cède, dans ses premiers essais, à l'influence italienne, et il abuse des réminiscences du paganisme mises à la mode par le pape Léon X. A la suite d'un poëme de Jean de Pré, *Le Palais des nobles dames*, on trouve un *Dialogue entre Jupiter et Cupidon*, composé par Hugues Salel et daté de Lyon le 24 août 1534.

Le roi François Ier, ayant eu connaissance des essais poétiques de Salel, l'appela à sa Cour et le proclama son poëte en titre, lui confiant la mission de traduire

en vers français l'*Iliade* d'Homère. En même temps,
il le nommait son valet de chambre et le comblait de
bénéfices ecclésiastiques. C'est ainsi que Hugues Salel
devint le premier abbé commendataire de Saint-Cheron.
Suivant la tradition, ce riche bénéfice aurait été la récompense d'une cantate composée par notre poète sous
ce titre : *Sur la nativité de M. le Duc, premier fils de M.
le Dauphin de France.* Paris, Jacques Nyvert, 1543.
Il y a là évidemment un anachronisme : il est vrai que
Salel ne prit possession de son abbaye que le 26 septembre 1543, jour où il prêta à l'évêque de Chartres
un serment de fidélité dont nous avons l'original entre
les mains ; mais ses bulles de provision lui avaient été
octroyées par le pape Paul III dès le 13 février 1541.

Hugues Salel d'ailleurs, il faut le reconnaître à sa
louange, ne négligea pas les intérêts de son abbaye. Il
y fit continuellement résidence, s'occupant du bien-être
de ses religieux et n'oubliant aucune occasion d'accroître
les richesses du monastère. Plusieurs améliorations
importantes datent de son administration. Il eut pour
amis tous les poètes de cette première époque de la
Renaissance, et, devinant le talent futur de Claude de
Sainctes, alors religieux profès à l'abbaye de Saint-Cheron, il le présenta lui-même à l'évêque Louis Guillart,
le 20 avril 1549, pour le faire recevoir acolyte.

Le catholicisme du poète-abbé était au reste assez accommodant et ne se refusait pas tout commerce avec les huguenots. Une anecdote conservée dans un manuscrit de l'abbaye de Saint-Cheron nous en est une preuve frappante. A l'endroit même où le corps de saint Cheron avait été trouvé par ses disciples existait une fontaine, dont l'eau, suivant une tradition populaire, croissait merveilleusement, tous les ans, la nuit qui précédait la fête du saint (28 mai). Or, l'année même où Clément Marot vint à Chartres, quelques jours avant son arrestation en cette ville comme damnable hérétique, le poète était allé visiter son ami, l'abbé de Saint-Cheron. On était au 27 mai, la nuit de la vigile de la fête : Clément Marot voulut éprouver si ce qu'on disait de cette fontaine était vrai ; il obtint de Hugues Salel la permission de passer la nuit avec ses serviteurs dans la grotte où se trouvait la source sacrée ; « mais, dit le « manuscrit, ils furent contraints d'en sortir prompte- « ment à cause des visions nocturnes et de l'accrois- « sement de l'eau qui remplissoit la dicte grotte plus « que jamais n'avoit faict. »

Hugues Salel était loin d'avoir le génie de son ami, Clément Marot. Sa traduction de l'*Iliade* est d'une médiocrité désespérante : le versificateur se traîne de plus ou moins près sur le grec d'Homère, et ne rencontre

jamais un trait ou même une expression originale : la
trivialité du traducteur remplace la majesté de l'original.
Qu'on en juge par une seule citation : nous prenons au
hasard. Le banquet des dieux qui termine le 1ᵉʳ livre
de l'*Iliade* est ainsi reproduit par Salel :

> *Beau veoir fit lors la plaisante façon*
> *Du dieu Vulcan, qui servoit d'échançon*
> *A tous les dieux, pour ce qu'à son marcher*
> *On le voyoit des deux hanches clocher :*
> *Cela causoit à la haute assemblée*
> *Un ris sans fin et liesse doublée.*
> *Lors fut dressé le céleste festin,*
> *Lequel dura depuis le clair matin*
> *Jusques au soir, d'appareil magnifique*
> *Et sumptueux. Après, vint la musique :*
> *Phœbus joua de la harpe, et les Muses*
> *Dirent chansons, sans se montrer confuses,*
> *Ains accordans de plaisante harmonie*
> *Pour resjouir la digne compaignie.*
> *Finablement, estant le clair soleil*
> *Desjà couché, chacun, plein de sommeil,*
> *Se retira en sa maison à part,*
> *Que le boiteux, par son très subtil art*
> *D'architecture, avoit construicte et faicte ;*
> *Et Jupiter aussi fit sa retraicte*
> *Dedans sa chambre, et puis il se coucha*
> *Dessus son lict, où Juno s'approcha.*

Ne croirait-on pas lire une page du *Roman comique*
plutôt qu'une traduction des vers d'Homère ? Outre sa
trivialité, Salel eut le tort d'employer les vers de dix
syllabes, et il fit des rejets un usage par trop immodéré.
On a dit, il est vrai, pour l'excuser, que sa traduction
de l'*Iliade* était une œuvre de commande, où il n'avait
pas pu donner carrière à son génie naturel ; mais les
autres œuvres de Hugues Salel ne témoignent pas d'un
meilleur goût. Et cependant, les poëtes les plus illustres
du temps célébraient à l'envi ses louanges. Ronsard,
parlant de sa mort prématurée, dit qu'il mourut à la
fleur de l'âge par suite de l'inimitié des dieux protec-
teurs des Troyens, qui avaient déjà rendu si misérable
l'existence d'Homère. Jodelle consacra à la mémoire
de Salel les vers suivants :

Quercy m'a engendré, les neuf sœurs m'ont appris,
Les Roys m'ont enrichi, Homère m'éternise ;
La Parque maintenant le corps mortel a pris ;
Ma vertu dans les cieux l'âme immortelle a mise,
Donc ma seule vertu m'a plus de vie acquise,
Plus de divin sçavoir, plus de richesse aussy
Et plus d'éternité, que n'ont pas faict icy
Quercy, les Sœurs, les Roys, l'Iliade entreprise.

L'*Iliade* de Salel eut du reste un grand succès à

l'époque où elle parut. Elle fut d'abord publiée par fragments, et dès 1542, les premiers livres étaient imprimés à Lyon, sans le concours de l'auteur.

La première édition complète parut à Paris chez V. Sarténes, 1545, in-fol. : *Les dix premiers livres de l'Iliade d'Homère, prince des poètes, traduits en vers françois.* La traduction est précédée d'une *Epistre* (en 408 vers) *de dame Poésie au très chrestien roy de France François premier du nom sur la traduction d'Homère par Salel.*

> *Il m'a semblé que ta France prisée,*
> *Tant de Pallas et Mars favorisée,*
> *Devoit avoir pour sa perfection*
> *De cest autheur propre traduction,*
> *Et pour ce faire, ô prince très puissant,*
> *J'ay destiné un lien obéissant*
> *Humble subject, Salel que tu reçois,*
> *Et mects au ranc des poètes François;*
> *Auquel desjà ta royale faveur*
> *A faict gouster du fruict de son labeur.*

L'abbé de Saint-Cheron mourut avant d'avoir achevé son œuvre. Elle fut continuée par Amadis Jamyn, qui adopta avec raison le rhythme alexandrin. L'œuvre complète parut en 1580 (Paris, Lucas Breyer, in-12), sous ce titre : *Les* XXIV *livres de l'Iliade d'Homère, prince des poètes, traduits du grec en vers françois, les* XI *premiers par M. Hugues Salel, abbé de Sainct-Cheron, les* XIII *derniers par Amadis Jamyn, secrétaire de la chambre du Roy, tous les* XXIV *reveuʒ et corrigeʒ par Am. Jamyn.*

La traduction de Salel fut plusieurs fois réimprimée. Parmi les diverses éditions, nous citerons celles de Paris, Claude Gautier, 1574, in-8°; Paris, Langelier, 1584, in-12; Rouen, 1606, in-12.

Outre les œuvres que nous avons déjà citées, Hugues Salel composa des poésies légères qui furent imprimées en 1539 sous ce titre : *Les œuvres d'Hugues Salel.* Paris, Et. Rosset, in-12, et Lyon, 1573, in-16.

6 Octobre 1875.

XX

PHILIPPE LEDUC

1635–1680 environ

PHILIPPE LEDUC

La naissance de Philippe Leduc[1] est un mystère :
il appartenait certainement au pays chartrain, mais à
quel père, à quelle mère, à quelle ville, nul ne saurait
le dire. En l'année 1640, il avait été apporté, âgé d'environ cinq ans, à la mère d'un des enfants d'aube de la
Cathédrale, Jean Jouet. Jusque-là il avait été élevé à la
campagne ; c'était un petit garçon frais et rose, dont
l'œil mutin annonçait une vive intelligence. La cousine
qui faisait ce dépôt ne voulut donner sur la naissance
de l'enfant aucun renseignement, mais elle laissa à la
mère de Jean Jouet une somme d'argent assez ronde
pour qu'elle fit convenablement élever le marmot.

La bonne femme s'attacha à l'enfant, qu'elle traita
comme le sien propre, et elle le fit admettre parmi les

1. Le nom de Leduc fut donné à notre poète parce qu'on disait
qu'il avait pour père un notable de la cité chartraine.

enfants de chœur de la cathédrale. Jean Jouet, de son côté, plus âgé de quelques années que Philippe, se constitua son protecteur et le considéra comme son frère. Voyant son humeur tapageuse, il essaya de lui inculquer le goût de la musique, dans laquelle il excellait lui-même ; mais comme Philippe ne voulait s'appliquer à rien, on le mit au collège Pocquet, à Chartres, dans l'espérance qu'une discipline plus sévère viendrait à bout de sa légèreté. Il ne fut pas plus docile au collège que chez le maître de grammaire, et on le renvoya au bout de peu de temps pour certaines escapades dans lesquelles il entraînait même ses camarades. Jouet était devenu un personnage malgré son jeune âge, il avait été reçu maître de psallette de la cathédrale le 29 avril 1652 ; il voulut profiter de son crédit pour faire une position à son frère adoptif, et il l'adressa à un de ses amis, organiste de Notre-Dame de Paris, afin que celui-ci tentât de faire l'éducation musicale du jeune indiscipliné.

Une fois Philippe Leduc parti de Chartres, nous le perdons complètement de vue. Que devint-il à Paris ? Un bohême littéraire assurément. Dans la préface du livre que nous connaissons de lui, il s'exprime ainsi : « Pour moy, je ne suis pas d'humeur à me contraindre, « qui n'ay rien à demander à ceux qui sont au-dessus

« de moy, sinon à la façon de Diogène, de me laisser
« mon soleil libre, c'est-à-dire le peu que la naissance
« m'a donné pour la vie, sans troubles et sans rapines. »

Le privilège accordé à Philippe Leduc pour la publication de son livre est de 1664 ; en 1665, il le céda
à G. Quinet, libraire, qui édita l'œuvre du poëte en
deux volumes in-12, sous ce titre : *Proverbes en rimes
ou Rimes en proverbes, accommodées en distiques ou manières
de sentences, qui peuvent passer pour maximes dans la vie.*
Voici le jugement que porte sur ce recueil un autre
Chartrain, Gratet-Duplessis, le grand maître en proverbes : « Maistre Leduc était un pauvre rimeur, et
« son livre ne mérite guère d'être recherché. Comme
« simple nomenclature, nous avons beaucoup mieux ;
« comme poésie, nous n'avons rien de si mauvais. »

Le jugement est un peu sévère : Leduc n'avait pas
prétendu faire un poëme ; il avait intitulé son livre
Rimes en proverbes, et, en se tenant à ce programme,
on ne peut dire qu'il l'ait mal accompli. Pour vous en
faire juges, nous citerons quelques vers d'une pièce qui
termine le second volume et qui résume toute l'œuvre
de l'auteur sous le titre : *Régime de bien vivre* [1].

1. Ces préceptes de Leduc eurent un certain succès, car ils furent
réimprimés, sans lieu ni date, sous ce nouveau titre : *La Sauvegarde
de la vie humaine.*

Avant que sortir de ta couche
Tousse, crache, crie, et te mouche,
Prens ta robbe, et pour estre chaud
Du lit au feu ne fais qu'un saut.

. . . .

Estant levé de bon matin,
Prens un peu de pain et de vin :
Si le tems rit, sors de bonne heure,
S'il pleure ou soupire, demeure.

. . . .

Prens le vin frais, chaud le potage,
Ne mange guère de fromage,
Ny jamais rien sans appétit
Dont tu dois garder un petit.
Peu de boudins, moins de saucisses,
Peu de vinaigre, moins d'épisses.

. . . .

Loin de toi, pour vivre bien sain,
Apothicaire et médecin.

. . . .

Si l'obscur et modeste autheur
De cet ouvrage n'est fauteur
D'Hippocrate et de Galien,
Il n'est pas moins homme de bien,
Puis aussi digne de créance
Que ces gens de grande science,
Habiles à tuer les humains
Bien plus qu'à leur prester les mains.

14 Octobre 1875.

XXI

ANTOINE GODEAU

1605-1672

ANTOINE GODEAU

Antoine Godeau, né à Dreux le 24 septembre 1605 [1], compatriote et contemporain de Jean Rotrou, égala celui-ci, sinon par le génie, au moins par la fécondité. Si Rotrou composait par an six ou sept pièces de théâtre, Godeau en une heure pouvait produire trois cents vers. Mais la facilité même avec laquelle il rimait l'empêcha toujours de faire des œuvres excellentes : le vers coulait abondamment, mais la verve manquait. Boileau

1. Voici l'acte de baptême de Godeau, extrait des registres de l'état civil de la paroisse Saint-Pierre de Dreux : il donne la date exacte de la naissance de notre poète, date qui n'a été indiquée par aucun de ses biographes : « Le jeudi 29ᵉ de septembre 1605, fut « baptisé Antoine, né le 24 septembre, filz de noble homme maistre « Antoine Godeau, lieutenant des eaux-et-forestz du conté de Dreux, « et de Jeanne Targé, ses père et mère. Parains maistre Pierre Moi-« net, licentié és loys, et honneste personne Jehan Mussart ; maraine « Denise Targé ».

a pu dire avec raison qu'il était *toujours à jeun,* et c'est
à peine si, parmi tous ses écrits, on peut citer quelques
passages qui sortent de la voie commune. Corneille
pourtant n'a pas dédaigné d'introduire dans son *Polyeucte*
les vers suivants qui sont en effet des meilleurs de
Godeau :

> *Leur gloire tombe par terre,*
> *Et, comme elle a l'éclat du verre,*
> *Elle en a la fragilité.*

Ce n'était pas d'ailleurs l'esprit qui manquait au
jeune druide. Quand il était en philosophie, ses camarades ne pouvaient vivre sans lui : il chantait, il rimait,
il buvait et il avait toujours le mot pour rire. L'avenir
s'offrait à lui sous les plus brillantes couleurs. Son père,
de lieutenant des eaux-et-forêts, était devenu élu à
Dreux et occupait ainsi une des charges les plus honorables de la ville ; sa fortune était considérable, puisque
notre poète eut pour sa part 30,000 écus en partage ;
nul ne songeait à contrarier ses goûts et il pouvait en
toute liberté se livrer à sa passion poétique.

Il avait pour parent Valentin Conrart, un des beaux
esprits de l'époque, chez lequel il logeait lorsqu'il
venait à Paris. Conrart rassemblait chez lui chaque
semaine des gens d'esprit avec lesquels il s'entretenait

des œuvres littéraires qui paraissaient alors, et où l'on prononçait sur les écrivains des jugements sans appel. Il engagea Godeau à lui envoyer ses essais poétiques : grâce un peu peut-être au patronage de l'amphitryon, les vers du jeune auteur furent écoutés avec enthousiasme, et dès lors commença sa réputation.

D'après les conseils de Conrart, il vint se fixer à Paris : il y fut accueilli par tout ce que la société de la capitale offrait de plus aimable et de plus distingué. C'était l'époque de la grande prospérité de l'hôtel de Rambouillet, le *salon bleu* comme on l'appelait, où présidait la belle Julie d'Angennes. Godeau ne tarda pas à y être présenté par deux dames qui partageaient avec Mlle de Rambouillet le sceptre du bel esprit, Mlle Paulet et Mme de Clermont d'Entragues[1]. Notre poète était fort petit et fort laid, mais il plaisait par les grâces de son esprit et la facilité de sa conversation. Il devint bientôt le favori de la maîtresse de la maison, et celle-ci écrivait à Voiture, qui jusque-là avait été le coryphée

---

1. Mlle Lhuillier de Boulancourt, mariée à Henri de Balzac, marquis de Clermont d'Entragues. Cette dame demeurait au château de Mézières près de Dreux. Dans la notice sur Rotrou, faite par son frère Pierre Rotrou, nous avons vu que, lors de l'épidémie de Dreux en 1650, elle écrivit au grand poète pour lui offrir une retraite en son château de Mézières.

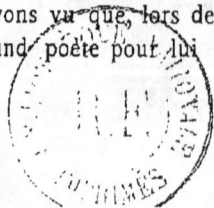

de l'hôtel : « Il y a ici un homme plus petit que vous
« d'une coudée, mais, je vous jure, mille fois plus ga-
« lant. » Godeau en effet ne négligeait rien pour plaire :
il se montrait l'hôte le plus assidu du salon de Rambouillet ; il était toujours prêt à rimer sur les sujets qui
lui étaient indiqués, et presque toutes ses pièces de
poésie se terminaient par l'éloge de M\ue de Rambouillet.
Celle-ci ne pouvait manquer d'être sensible à un tel
dévouement ; elle laissait voir qu'elle préférait Godeau
à tous autres : aussi fut-il bientôt surnommé *le nain de
Julie.* Voiture en conçut une vive jalousie, et il adressa
à Godeau un rondeau qui finissait ainsi :

Quittez l'amour, ce n'est votre métier ;
Faites des vers, traduisez le psautier ;
Votre façon d'écrire est fort jolie :
Mais gardez-vous de faire de folie,
Ou je saurais, ma foi, vous châtier
        Comme un galant [1].

[1]. Dans une lettre écrite par Voiture à Godeau le 3 février 1634,
on voit déjà percer cette jalousie. « Je trouve bien juste l'affection
« que vous dites que M\ue de Rambouillet a pour vous, et qu'ont
« avec elle cinq ou six des plus aimables personnes du monde. Mais
« je m'estonne que vous vouliez me persuader par là de vous donner
« la mienne, et que vous la pensiez gagner avec les mesmes raisons
« qui vous la pourroient faire perdre. Il faut que vous ayez une
« extrême confiance en ma bonté de croire que je puisse aymer un
« homme qui jouit de mon bien et qui a obtenu ma confiscation. »

Le rondeau de Voiture fit-il quelque impression sur
Godeau? Il serait permis de le croire, en voyant la
métamorphose qui s'opéra dans l'esprit du poëte. Lui-
même l'a racontée dans un Discours placé en tête de
ses *Poésies chrétiennes* : « Je confesse qu'autrefois, ne
« voyant point de vers de dévotion que fort médiocres,
« et en petit nombre, j'ay creu assez longtemps qu'il
« ne s'en pouvoit faire d'excellens, et qu'il n'y avoit
« point de sujets pieux qui fussent bien propres pour
« les grands poëmes. Mais la grâce de Nostre Seigneur,
« me faisant connoistre d'autres erreurs plus dange-
« reuses, m'a encore tiré de celle-cy, et m'a fait voir
« clairement les effets dangereux de la poésie, quand
« elle flatte les passions des hommes et qu'elle les re-
« présente avec ce fard qui en déguise l'horreur, et en
« fait aymer l'injustice et la saleté. Il y a longtemps
« que, pensant sérieusement à ce désordre, je voulus
« essayer si les Muses auroient aussi bonne grâce à
« chanter des hymnes à Dieu,...... qui, retenant l'air
« de l'ancien Hélicon, conduisent insensiblement le
« lecteur sur le Calvaire. »

Au milieu de sa plus grande faveur près de la ga-
lante société de l'hôtel de Rambouillet, Godeau prit
tout à coup la résolution de se consacrer à l'Église.
Fût-ce, comme le fait entendre Tallemant des Réaux,

à la suite de quelque déception amoureuse ? Peu im-
porte : sa conversion fut sincère. Le premier ouvrage
pieux qu'il composa fut une paraphrase du pseaume
Benedicite, dont il fit hommage au cardinal de la
Valette [1]. Celui-ci communiqua ce petit poëme au cardinal de Richelieu, qui goûta fort les vers de Godeau
et qui prit dès lors notre poëte en telle estime que ses
gens, pour exprimer l'admiration que leur causait un
ouvrage, avaient coutume de dire : « Quand Godeau
« l'auroit fait, il ne seroit pas mieux. »

Quelque temps après, en 1636, l'évêché de Grasse
vint à vaquer par la mort de Scipion de Villeneuve ;
Godeau demanda cet évêché. Richelieu ne voulait point
d'abord le lui donner, trouvant qu'il était trop peu de
chose (il ne valait que 4,000 livres). Enfin il céda aux
instances de son favori ; mais, dès qu'il le put, il joignit

1. On a partout répété, fort à tort, que cette paraphrase du *Benedicite* fut dédiée par Godeau au cardinal de Richelieu, et on s'est
plu à répéter à ce propos un bon mot du cardinal, qui nous semble
inventé après coup. « M. l'abbé, aurait dit le ministre, vous me
« donnez *Benedicite,* et moi je vous donnerai *Grasse.* » Ce ne fut
que trois ans après que l'évêché de Grasse devint vacant, et Richelieu
hésita quelque temps à y nommer Godeau. — Dans une lettre de Voiture
au cardinal de la Valette, on lit ce qui suit : « Avouez-nous fran-
« chement que vous n'avez pensé aux vers de M. Godeau. Si est-ce
« que quand vous auriez oublié tout le reste, vous devez vous souve-
« nir toujours de son *Benedicite.* »

à l'évêché de Grasse celui de Vence qui valait 6,000 livres [1], et il accorda en outre à Godeau une pension de 2,000 livres sur l'évêché de Cahors.

Une fois nommé évêque, le nouveau prélat renonça complétement à la galanterie de ses premières années; mais il conserva toujours ses relations amicales avec la compagnie de l'hôtel de Rambouillet, et surtout il ne se montra point ingrat envers celles qui lui avaient ouvert le chemin de la grandeur. Chaque année, il recevait chez lui ou allait visiter Mlle Paulet, que l'abbé de la Victoire [2] appelait en plaisantant *Madame de Grasse*, et cette dame étant tombée malade en Gascogne, Godeau s'empressa de quitter son diocèse de Vence pour l'assister à sa mort. A son retour, notre poëte adressa à Mme la marquise de Clermont une épitre dont nous extrayons les vers suivants :

1. Cette réunion eut lieu, en 1638, après la mort de l'évêque Pierre du Vair.

2. Claude du Val de Coupeauville, abbé de la Victoire près Senlis, dont on a pu dire : « On n'a guère vu d'homme qui dise les choses « plus plaisamment. » La reine Anne d'Autriche, en passant, alla une fois à la Victoire où l'abbé lui présenta la collation. « Vraiment, « M. l'abbé, lui dit-elle, vous avez bien fait accommoder cette abbaye- « ci. » — « Madame, répondit-il, s'il plaisait à Votre Majesté de « m'en donner encore deux ou trois vieilles, je vous promets que je « les ferai fort bien raccommoder. »

Les tyrans aveugles d'une noire malice
N'ont jamais inventé de si rude supplice,
Qui ne cède en rigueur à ce cruel tourment,
Qui ne l'a pas quittée au bord du monument.
Hélas ! je suis témoin de sa peine effroyable,
Et je le suis aussi de la force incroyable
Que son cœur opposoit à ses longues douleurs,
Sans jeter un soupir et sans verser de pleurs......
Je la crois toujours voir dans ce mal furieux,
Sans pouls, sans mouvement, sans force, sans haleine,
Nous faire de sa mort pleurer l'heure prochaine,
Et nous donner à tous dans cet estrange effroy
D'admirables leçons de constance et de foy.

Ces relations mondaines, entièrement de reconnaissance, ne détournaient en rien Godeau de ses devoirs : du jour de sa nomination comme évêque, l'état ecclésiastique fut le but du reste de sa vie. De poëte médiocre il devint excellent prélat. Il se retira dans son diocèse pour se consacrer à ses fonctions épiscopales. Il y prêcha avec une éloquence toute chrétienne et y tint plusieurs synodes pour rétablir la discipline qui s'y était relâchée.

On ne l'avait pourtant pas oublié à Paris. Dans une pièce de Saint-Évremont, imprimée en 1650 et intitulée *les Académistes,* il y a une scène où Godeau et Colletet se disent les plus grosses injures : c'est cette scène qui a fourni à Molière l'idée de la fameuse querelle entre Vadius et Trissotin.

Godeau faisait toujours des vers, mais c'étaient des poésies pieuses : il ne les envoyait plus à Conrart ni aux beaux esprits de l'hôtel de Rambouillet ; mais il les faisait imprimer à Paris et tâchait de les répandre pour ranimer dans les âmes la foi dont il était lui-même pénétré. Il avait parfois d'heureuses inspirations : nous citerons entre autres les premiers vers de son poème sur *la Sainte Beaume,* que n'auraient pas désavoués Ronsard et les autres poètes de la Pléiade :

Agréables ruisseaux dont la course rapide
Dessus un sable d'or roule un argent liquide ;
Rivages tapissez d'un riche émail de fleurs
Que mille saules verds défendent des chaleurs ;
Grands bassins de porfire où l'onde fugitive,
Montant et remontant, se plaist d'estre captive ;
Superbes promenoirs où la nature et l'art
Meslent si richement les beautez et le fart ;
Ronds, parterres, berceaux, labirinthes, allées,
Grotte où l'ambre se mesle aux pierres congelées ;
Jardins délicieux où le Père des jours,
Faisant naistre les fleurs, fait naistre ses amours ;
Fleurs de qui sa chaleur anime la Nature,
Et sçait d'un si beau lustre animer la peinture ;

Arbres où l'émeraude en la feuille reluit,
Les perles dans les fleurs, et l'or dessus le fruit ;
Enfin, aimables lieux, où mon âme ravie
A gousté les plaisirs d'une si douce vie,
Un sauvage rocher me force à vous bannir,
En cet heureux moment, hors de mon souvenir.

Cependant le clergé de Vence n'avait pu voir sans une répugnance insurmontable la réunion de ce diocèse à celui de Grasse. Ne voulant pas entretenir ce mécontentement, Godeau se démit, en 1653, de l'évêché de Grasse, dont, quelques années plus tôt, il avait, dans son poème de *l'Assomption de la Vierge,* célébré les louanges :

Je voy sur le sommet d'une riche colline
Parestre une Cité petite en son pourpris,
Mais qui d'un culte ardent pour la Vierge divine
Aux plus grandes Citez peut disputer le prix.
Elle devancera l'offrande de son Maistre [1],
Et fera par son zèle aisément reconnestre
Qu'ayant le nom de Grace elle en a les effets.
Sa sainte protectrice en prendra la deffense,
Sur ses aspres rochers nourrira l'abondance
Et sera pour ses champs prodigue de bienfaits.

1. La ville de Grasse se mit sous la protection de la Sainte Vierge, le jour de l'Annonciation de l'année 1618, six mois avant que le roi Louis XIII consacrât solennellement son royaume à la Vierge Marie.

Godeau assista aux assemblées générales du Clergé tenues en 1647 et 1656. Dans la première, il prononça l'éloge de Petrus Aurelius, qui avait défendu les droits des évêques contre quelques réguliers d'Angleterre ; dans la seconde, il adhéra complètement au bref d'Innocent X contre les cinq Propositions, et fut l'auteur de la *Relation des délibérations du Clergé de France sur la constitution et le bref d'Innocent X, auquel sont déclarées et définies cinq propositions en matière de foi.*

Il passa le reste de sa vie dans son diocèse de Vence, occupé à faire ses visites pastorales, à prêcher, à lire et à écrire. Il mourut à Vence, le 25 avril 1672.

La liste de ses ouvrages est fort considérable. Nous citerons, comme curiosité, un opuscule intitulé: *Prières et méditations par Ant. Godeau.* Paris, 1643, parce qu'il fut composé pour la reine Anne d'Autriche et tiré seulement à six exemplaires, et nous ne mentionnerons d'ailleurs que ses œuvres poétiques:

Paraphrase des psaumes de David en vers françois et mis en chant par Thomas Gobert. Paris, veuve J. Camusat, 1648, in-4°, et P. Lepetit, 1649, in-12 ; — *mis en musique par A. Acousteaux.* Paris, P. Lepetit, 1656, in-12, et Thierry, 1686, in-12.

Description en vers de la Grande-Chartreuse. Paris, 1650, in-4°.

Hymne de Sainte Geneviève, patronne de Paris. Paris,
P. Lepetit, 1652, in-4º.

Poésies chrétiennes. Paris, P. Lepetit, 1660, in-12.

Poésies chrétiennes et morales. Paris, P. Lepetit, 1663,
in-12.

Les Fastes de l'Église pour les douze mois de l'année.
Paris, Et. Muguet, 1674, in-12.

4 Juin 1876.

XXII

VINCENT SABLON

1619-1693

VINCENT SABLON

Vincent Sablon était le septième enfant de Pierre
Sablon, dont nous avons donné la notice au 1er volume
de cet ouvrage, et de Marie Sédillot. Il naquit à Chartres au mois de décembre 1619, comme le témoigne
son acte de baptême conservé dans les registres de
l'état civil de la paroisse de Saint-Saturnin. « Le 27
« décembre 1619, a esté baptisé Vincent, fils de Pierre
« Sablon, marchand drappier, et de Marie Sédillot, sa
« femme, eslevé par Mathurin Deleau, marchand drap-
« pier, fils de Esprit Deleau, advocat en Parlement,
« avec Marthe Frenot, veuve feu maistre Claude Su-
« reau, lui vivant advocat à Chartres. » Nous avons vu
son père, en tête de son ouvrage, s'intituler conseiller
du Roi, élu en l'élection de Chartres ; Vincent prend
les mêmes titres dans son acte de mariage avec Marguerite Lemaire, du 12 février 1646.

Si nous n'avons pas de preuve qu'il ait commencé à versifier d'aussi bonne heure que son père, nous savons du moins qu'il composa une œuvre plus considérable. En 1659, il fit paraître un poëme magistral: *Le Godefroy ou la Hiérusalem délivrée, du Tasse, poème héroïque en vers françois*. Paris, chez la veuve et Denis Thierry, 1659, in-4°. L'auteur ne manque pas d'une certaine ambition. Après avoir placé au frontispice de son livre ces deux vers un peu prétentieux :

Selon que le lecteur aura l'esprit capable,
Les livres trouveront le destin favorable,

il s'adresse à Mgr Ferdinand de Neufville, évêque de Chartres, et lui dit : « Si nous sommes assez heureux « d'avoir cette paix si ardemment désirée de chacun de « nous, ce sera lorsque vous redresserez les Croix de « Lorraine en la Palestine, que vous y porterez les « fleurs de lys, que vous arborerez l'étendard de Jésus- « Christ dans le milieu de Hiérusalem et que vous « gagnerez à la foy, par la force de vostre éloquence, « ces peuples infidelles que nostre Roy très chrestien « aura gagnez par l'effort de ses armes. Ce sera encore « alors que, marchant sur les pas du Tasse, j'enton- « neray d'un vers héroïque les merveilles que feront

« nos François en cette expédition militaire où vous
« aurez la meilleure part. »

Hélas ! Vincent Sablon ne fut jamais à même de
composer ce nouveau poéme héroïque qu'il nous promettait ; ce ne fut peut-être pas une grande perte pour
notre littérature. A en juger par sa traduction du Tasse,
son œuvre originale aurait bien pu n'avoir pas grande
valeur. Mais quel est l'auteur qui ne s'abuse pas sur
son mérite ? Sablon, plus que tout autre, semble avoir
eu de singulières illusions. Ce n'est pas que le travail
lui fît défaut. La première édition du *Godefroy* ne comprenait que les 5 premiers chants du Tasse : douze ans
plus tard, en 1671, notre poète donnait une nouvelle
traduction de la *Hiérusalem délivrée*, complète cette
fois et comprenant les 20 chants du poéme italien. Paris, Denis Thierry, 1671, 2 vol. in-12.

Le texte de la première édition a été entièrement
remanié dans la seconde ; mais, il faut l'avouer, cette
traduction est encore peu propre à faire connaître les
beautés du poéme immortel du Tasse. Un autre traducteur de la *Jérusalem délivrée,* Mirabaud, juge ainsi
l'œuvre de son prédécesseur : « Cette dernière traduc-
« tion est complète, et ce n'est pas un avantage pour
« le public. La médiocrité du style se souffre dans la
« prose, mais elle est insupportable dans les vers, et on

« peut assurer que la poésie de cette traduction est fort
« au-dessous du médiocre. »

Nous ne pouvons complètement adhérer à ce jugement ; car, sans vouloir exalter le talent de Vincent
Sablon, nous devons reconnaître que ses vers ne sont
pas parfois sans verve poétique. Qu'on en juge par le
début de son livre :

> Je chante les combats et les saintes armées
> Qui pavèrent de morts les plaines Iduméées,
> Et ce prince fameux, l'illustre Godefroy,
> Qui, semant en tous lieux le carnage et l'effroy
> Et faisant sous ses pas trembler la terre et l'onde,
> Deslivra le tombeau du Rédempteur du monde.
> Ce héros, affrontant mille et mille dangers,
> Repoussa mille assauts aux climats estrangers,
> Endura constamment des peines nompareilles,
> Remplit le monde entier du bruit de ses merveilles,
> Et remporta d'un bras toujours victorieux
> Sur ses fiers ennemis des lauriers glorieux.

Au reste, quoi qu'il en eût, ce n'est pas la traduction de la *Jérusalem délivrée* qui a fait la réputation de
Vincent Sablon : c'est un petit livre qu'il écrivit presque malgré lui, comme il le rapporte lui-même dans sa
préface : « Après avoir passé la plus grande partie de

« mon âge à ne lire que des vers tant italiens, espagnols,
« latins que françois, et à en faire un grand nombre
« dans ces deux dernières langues, et surtout en la
« nôtre, dans laquelle mon dernier ouvrage composé
« de vingt-quatre mille vers, intitulé *la Hiérusalem déli-*
« *vrée du Tasse,* paroist en lumière depuis deux mois et
« demy, je croyois que je ne devois point me hasarder
« à écrire en prose, comme estant un genre d'écrire,
« pour lequel j'ay plutost de l'aversion que de l'incli-
« nation, parce que, soit que j'en lise ou que j'en fasse,
« ce qui m'arrive rarement, je ne me sens point élever
« l'esprit comme quand je lis ou que je fais des vers. »

Malgré cette aversion, il céda aux prières de quelques amis et fit paraître, en 1671, chez François Hotot,
imprimeur à Orléans, un livre intitulé *Histoire de l'au-
guste et vénérable église de Chartres, dédiée par les anciens
Druides à une Vierge qui devoit enfanter, tirée des manuscrits et originaux de la dite église par V. Sablon, chartrain.*

Ce livre n'est certainement pas un chef-d'œuvre,
mais il arrivait à son heure. On n'avait encore sur l'Histoire de l'église cathédrale de Chartres qu'un *Petit traité*
d'Etienne Prévost, comprenant à peine une trentaine
de pages, ou la *Parthénie* de Rouillard, œuvre diffuse
et d'un prix très élevé. L'ouvrage de Sablon était d'un
format commode, d'un prix modique, renfermant tous

II.   8

les renseignements les plus élémentaires, mais aussi les
plus complets sur la cathédrale : il devint nécessaire-
ment le *vade mecum* de tous les pèlerins qui venaient
alors à Notre-Dame de Chartres : aussi, dans l'espace
d'un siècle, de 1671 à 1780, n'eut-il pas moins de dix
éditions.

Nous n'entrerons pas dans le détail des mécomptes
que l'auteur eut à supporter. L'*Histoire de l'église de
Chartres* est pour la majeure partie en prose et sort de
notre cadre. Cependant nous retiendrons le chapitre III
de ce livre, qui traite de la *Description de l'extérieur de
l'église de Chartres* et qui est tout entier en vers.

> *Au centre de la ville, entre huit avenues,*
> *Le saint Temple s'élève à la hauteur des nues,*
> *Et sa base s'enfonce autant dans les enfers*
> *Que son faîte orgueilleux s'élève dans les airs.*
> *Dans le vaste univers il n'est pas une roche*
> *Dont la pointe superbe à sa hauteur approche :*
> *Calpé même, Abila, ni l'arrogant Atlas*
> *En grandeur avec lui ne se comparent pas.....*
> *Il n'est rien de si haut, de si grand que sa cime ;*
> *Sa pointe touche au ciel, son pied touche à l'abîme,*
> *Et, par ses deux clochers célèbres en tous lieux,*
> *Joignant d'un ferme nœud les enfers et les cieux,*
> *Ils donnent aux habitans de la voûte azurée*
> *Du zèle des Chartrains une marque assurée.....*

Ce Temple est merveilleux en son architecture,
Merveilleux en son art non moins qu'en sa structure,
Merveilleux au dedans, merveilleux au dehors,
Et merveilleux enfin en tout son vaste corps.....
D'ouvrages si divers l'édifice assorti,
Par un maître savant artistement bâti,
Ne se voit point orné de marbre ou de porphyre,
Ni de ces ornemens que le vulgaire admire.....
Du bas jusqu'en haut, de l'un à l'autre bout,
L'édifice est orné de sculpture partout :
Les yeux trouvent partout des portraits dans des niches,
Partout de grosses tours, et partout des corniches.....
En trois endroits divers cette église a neuf portes,
Trois de chaque côté, toutes grandes et fortes,
Trois sont vers le midi, trois vers où le soleil,
Submergé dans les eaux, va prendre son sommeil ;
Les trois autres vers où le mari d'Orythie
Nous amène le froid du fond de la Scythie.....
Pour monter aisément sous ces amples portiques
Que l'artifice rend si beaux, si magnifiques,
De terre on voit sortir deux pompeux escaliers
Qui sont industrieux autant que singuliers,
Et de qui la moitié sous le pavé cachée
Mériteroit bien d'être avec soin recherchée.....
Mais la porte Royale efface les beautés
Dont ce grand bâtiment s'orne de tous côtés :
Superbe, elle s'élève entre les pyramides,
Etalant au regard cent figures solides,
Qui, du grand artisan déployant les dessins,

Représentent des Rois, des Anges et des Saints :
Ils y sont revêtus tous d'habits à l'antique ;
En eux on ne voit rien qui ne soit magnifique,
Et n'étoient ceux qui sont sous les deux grands portaux
Je dirois que sur terre ils n'auroient point d'égaux.

Outre sa traduction de la *Jérusalem délivrée* et son *Histoire de l'église de Chartres,* Vincent Sablon composa assurément d'autres ouvrages. Dom Liron cite un livre intitulé *les Amours de Vénus et d'Adonis ;* l'abbé Brillon le dit auteur de *Rabelais purgé de son sérieux,* mais ces œuvres ne furent sans doute jamais imprimées ; au moins, malgré nos recherches, ne les avons-nous jamais rencontrées.

Nous avons peu de renseignements sur la vie intime de Vincent Sablon. Son fils aîné, Jean-François Sablon, après avoir été notaire et secrétaire du Chapitre de Chartres, fut pourvu en 1678 de la cure de Gambais. Vincent se retira près de lui ; puis, après sa mort (1691), revint à Chartres, où il mourut le 21 août 1693.

XXIII

NICOLAS JOUIN

1684-1757

NICOLAS JOUIN

Nicolas Jouin naquit à Chartres en 1684, et pendant plusieurs années exerça dans cette ville le métier de joaillier. Son commerce ne l'empêchait pas de se livrer à la poésie, et en 1717, il publia une *Cantate sur les Tuileries,* qui fut accueillie avec le plus grand éloge par les amis qu'il avait à Paris. Ceux-ci l'engagèrent à venir dans la capitale, où ils lui offraient une place de banquier ; Jouin s'empressa d'accepter, et dès lors il passa le reste de sa vie à Paris, où il mourut le 22 février 1757.

Nous n'avons pas d'autres détails sur sa vie ; mais nous savons qu'il avait embrassé avec ardeur la doctrine de Jansénius. Pendant plus de 30 ans, il mit à profit sa verve poétique pour écrire des satires et des libelles contre les Jésuites et contre les prélats qui soutenaient la bulle *Unigenitus.* Tous ses pamphlets, en vers et en prose, se font remarquer par leur ton grivois et par leur érudition de mauvais goût ; mais il faut reconnaître qu'ils ne manquent pas d'esprit.

Les plus connus sont ceux qu'on désigne sous le nom de *Sarcelles :* voici à quelle occasion ils furent composés.

Lorsque Mgr de Vintimille vint prendre possession du siège archiépiscopal de Paris après la mort du cardinal de Noailles, la paroisse de Sarcelles, à 4 lieues de Paris, près Écouen, était gouvernée par un desservant, nommé du Ruel, et un vicaire, tous deux parfaits jansénistes, qui observaient dans toute leur rigueur les principes rigides de l'évêque d'Utrecht. Écoutons plutôt notre poète :

> *Tenez, Monsigneur Ventremille,*
> *Pour dire en un mot comme en mille,*
> *Ce curé que votre bonté*
> *Nous a depis six moüas ôté,*
> *Estoit un Antechrist sus tarre.*
> *Il faisoit sans cesse la guiarre*
> *A ces filles, à ces garçons :*
> *Il prêchoit contre les chansons,*
> *Contre les danses, les veillées,*
> *Contre toutes les assemblées ;*
> *Si bien que le menétrier*
> *Avoit oubelié son méquier.*

Toutes ces guiantres de fumelles
Faisiont, jarniguié, les cruëles.
A force d'entendre prêcher,
An n'osoit plus en approcher.

Ces deux prêtres avaient été nommés par le cardinal
de Noailles, lui-même partisan de Jansénius, et qui,
avec huit autres prélats de France, avait refusé d'accepter la bulle *Unigenitus*, condamnant les doctrines et
le livre du P. Quesnel, le coryphée du parti janséniste.
Tant que le cardinal de Noailles vécut, sa haute influence contrebalança les efforts tentés par les Jésuites
pour faire expulser de toutes les paroisses du diocèse
de Paris les prêtres non molinistes, mais quand Louis-
Antoine de Noailles fut mort en 1729, le cardinal de
Fleury, partisan déclaré de Molina, nomma à sa place
l'archevêque d'Aix, Charles-Gaspard-Guillaume de Vintimille du Luc, prélat d'un caractère faible et indécis,
qui se soumit à la direction que voulait lui imprimer le
Ministre. Aussi s'empressa-t-il d'interdire tous les prêtres de son diocèse qui refusaient d'accepter la bulle
Unigenitus et le formulaire d'Alexandre VII : le desservant et le vicaire de Sarcelles furent du nombre.

C'est alors que Nicolas Jouin, feignant de prendre
la parole au nom des habitants de Sarcelles, adressa à
l'archevêque de Paris cinq *Harangues* qui ont été plu-

sieurs fois réimprimées. Nous avons cité, d'après notre
poëte, le portrait du curé du Ruel : voici comment Jouin
dépeint son successeur :

Le nouviau que j'avons, ah dame !
Est, an peut dire, une bonne âme.
Jarni ! vous nous l'avez choüasi
En amy, qui s'appelle ! aussi
J'en avons grande souvenance.
Mon Guieu ! qu'il a balle loquence
Quand il chante per omnia *!*
Morguienne, il mettroit à quia
Tous les docteurs de la Sorbonne,
De la magnière qu'il fredonne !
Vartiguié, c'est un compagnon
Qui n'épelle pas sa leçon !
Oh ! c'est sti-là qui sçait bien lire !
Ce n'est pas un brûleux de cire ;
Sa Messe il a plutôt troussé
Que l'autre n'avoit commencé.
Il est encore bien habile
Quand c'est qu'il nous lit l'Évangile :
Morguienne, il va d'un si grand trot
Que l'an n'en entend pas un mot.
Auparavant c'étoit le Prône,
Et pis un Sarmon long d'une aune ;
An ne sçavoit quand c'étoit tout.
An ne voyoit jamais le bout
De tous les gaudés de notre autre :

Mateines, Salut, Patenôtre,
Cathéchisme, que sçai-je enfin,
Tant y a qui gnavoit point de fin.
Mais avec sti-cy j'en sons quite
Pour la Messe, qu'est biantôt dite.
Après çà, j'allons, je venons,
Je sommes ce que je voulons.
Ces garçons avec ces fumelles
Allont danser des ritournelles,
Et nous, qui ne sons plus si fous,
J'allons boire comme des trous.
Il n'y trouve pas à redire,
Au contraire çà le fait rire.

Jusque là, il n'y a pas grand mal aux harangues de maître Jouin ; mais quand il en arrive à parler de la bulle *Unigenitus* et des Jésuites, ses défenseurs, il n'est pas de calomnies qu'il n'entasse, pas de grossièretés qu'il n'imagine. Nous ne le suivrons pas sur ce terrain, et nous nous contenterons d'indiquer les titres des principaux de ses pamphlets.

*Première harangue des habitans de la paroisse de Sarcelles à M*ᵍʳ *l'archevêque de Paris.* Aix, J. B. Girard, 1731, in-12.

Les habitans de Sarcelles désabusez au sujet de la constitution Unigenitus. 1731, in-12.

Le Remerciement et la Harangue des paysans de Sar-

celles à Mgr de *Vintimille, leur archevesque, avec les Ré-flexions des mêmes paysans sur l'arrêt du Parlement d'Aix en faveur du P. Girard.* 1731, in-12.

Troisième harangue des habitans de Sarcelles à Mgr l'archevesque de Paris, au sujet des miracles, in-12.

Quatrième harangue des habitans de Sarcelles à Mgr l'archevesque de Paris, au sujet de ses ordonnances du 8 novembre 1735 contre les miracles. Aix, 1736, in-12.

Cinquième harangue des habitans de Sarcelles à Mgr l'archevesque de Paris, pour le remercier de ce qu'il leur a rendu M. Duruel. Aix, 1740, in-12.

6 décembre 1881.

XXIV

C.-P. COLARDEAU

1732-1776

CHARLES-PIERRE COLARDEAU

Colardeau, s'il n'était pas mort si jeune, aurait été presque notre contemporain : aussi ne faut-il pas s'étonner que son souvenir se soit conservé vivant dans plusieurs familles de Janville. C'est dans les registres de l'état-civil de cette petite ville que nous avons retrouvé son acte de baptême : « L'an 1732, le 14e « jour d'octobre, en l'église d'Yenville, a été baptisé « un garçon né du légitime mariage de maître Charles « Collardeau, conseiller du Roy, receveur au grenier à « sel de cette ville, et de dame Jeanne Vincent[1], ses « père et mère, qui étoit né du 12 des mesmes mois et « an ; lequel a eu pour parein maistre Pierre Jabineau,

---

1. Il y a évidemment ici une erreur de la part du rédacteur de l'acte, qui a confondu la mère avec la marraine. Dans plusieurs autres actes, la femme de Charles Colardeau est bien appelée Jeanne Regnard, qui est son véritable nom.

« procureur au bailliage d'Étampes, et pour maraine
« dame Jeanne Vincent, épouse de maître Louis Re-
« nard, marchand à Orléans, et l'ont nommé Charles-
« Pierre. »

Lui-même, dans une petite pièce de vers intitulée
Mon retour, a rappelé sa ville de naissance :

On sait des voyageurs l'ordinaire folie;
Ils racontent toujours, ne finissent jamais.
L'un vient du Canada, l'autre de l'Italie;
Celui-ci du Pérou, celui-là de Calais :
L'un vient de visiter les colonnes d'Alcide,
L'autre de l'Amérique, un autre du Japon.
 L'un s'est noirci comme un charbon
 Dans le foyer de la zône torride ;
L'autre s'est refroidi sous le ciel du Lapon.
Faisant de ces pays un détail inutile,
Tout voyageur, enfin, tient d'ennuyeux discours;
 Mais moi, qui sais les abréger toujours,
Je vous dis, en deux mots, que je viens de Janville.

Colardeau resta orphelin dès l'âge de treize ans : il
fut alors placé sous la tutelle de son oncle, l'abbé Regnard, curé de Saint-Salomon de Pithiviers. Jusque-là,
il avait fait ses études chez les Jésuites d'Orléans ; pour
mieux le surveiller, l'abbé Regnard le rappela d'Orléans
et le mit au petit collège de Meung-sur-Loire. Lors-

que le jeune homme eut terminé ses humanités, son
oncle, qui désirait le pousser dans la carrière que son
père avait parcourue, l'envoya à Paris faire sa philosophie sous M. Rivard, professeur au collège de Beauvais.
Mais la philosophie ne convenait en rien au caractère
rêveur de Colardeau. Au lieu de suivre son professeur
dans ses définitions abstraites, dans ses discussions in-
terminables, l'écolier songeait aux chants du rossignol,
aux senteurs de la campagne, peut-être aussi « aux
« beautés de Diane », et il était heureux, sans se
préoccuper de l'avenir.

Mais son année de philosophie s'écoula ; il fallait se
faire une position dans le monde. Le curé de Pithiviers
déclara à son pupille qu'il devait entrer chez un procureur au Parlement pour y apprendre les premiers principes de la procédure et se préparer ainsi à l'étude du
droit. Colardeau ne voulut point résister : il restait à
Paris, c'était pour lui le point principal. Son heureuse
étoile le fit tomber dans une étude où l'occupation
était presque nulle, et il eut tout le temps de fréquenter
les spectacles et les sociétés où l'on s'occupait de
poésie.

Une maladie grave, prélude de toutes celles qui
l'affligèrent dans la suite, vint interrompre sa félicité :
pour rétablir sa santé, son médecin exigea qu'il retour-

nât à la campagne. Il reprit donc à contre-cœur le chemin du presbytère de Saint-Salomon, et il ne fut pas
sans doute sans entendre plus d'une fois les récrimina-
tions du bon curé contre les occupations futiles et profanes. Colardeau résolut de se faire pardonner: dissimu-
lant les pièces fugitives auxquelles il travaillait chaque
jour, il laissa voir à son oncle la traduction en vers de
morceaux tirés de l'Écriture Sainte. Il entreprit même
une tragédie qu'il intitula *Nicéphore,* et dont le sujet
était pris dans l'histoire ecclésiastique du IIIe siècle.

L'abbé Regnard admirait sans doute, à part lui, ces
poésies pieuses, mais le métier de poète lui semblait
un métier de dupe : faire des vers pour se distraire,
rien de mieux, mais ce qu'il fallait d'abord c'était s'assurer une position honorable et lucrative. Il renvoya
donc, avec de beaux sermons, Colardeau chez son procureur : le jeune homme ne mordit pas davantage
à la procédure. Pendant son séjour à Pithiviers, il
avait ébauché les premiers actes d'une tragédie dont il
avait tiré le sujet du *Télémaque* de Fénelon. A peine
arrivé à Paris, il s'y remit avec ardeur, et, au mois de
juillet 1756, il fit à la Comédie Française une première
lecture de sa tragédie d'*Astarbé.* Les éloges et les en-
couragements qu'il reçut de la part des comédiens le
déterminèrent à abandonner entièrement la procédure.

Il était majeur et jouissait de sa fortune, qui était assez considérable ; il jugea donc qu'il pouvait sans danger suivre le penchant qui l'entraînait.

Cependant la représentation d'Astarbé souffrait des retards. L'attentat de Damiens contre le roi avait eu lieu au mois de janvier 1757 : le ministre craignait qu'on ne trouvât dans certains passages de la tragédie de Colardeau des allusions à cet horrible crime ; il fallut « bouleverser la pièce, » comme Colardeau l'écrivait à son oncle, et ce fut seulement au mois d'avril 1758 qu'eut lieu la première représentation.

Colardeau avait utilisé ces délais en préparant une imitation de la *Lettre d'Héloïse à Abailard* de Pope. Cette œuvre eut un succès prodigieux. Nous ne pouvons mieux faire que citer à ce sujet les paroles de La Harpe dans l'éloge qu'il prononça de Colardeau à l'Académie française : « Colardeau marqua son premier essai de « tous les caractères d'un poëte. Une élégance facile et « brillante, un sentiment exquis de l'harmonie, cette « imagination qui anime le style en coloriant les « objets, cette sensibilité qui pénètre l'âme en même « temps que le vers charme l'oreille, enfin ce naturel « aimable qui grave dans la mémoire des lecteurs les « idées et les sentimens, et, suivant l'expression de « Despréaux, *laisse un long souvenir,* voilà ce que le

« public remarqua dans l'Épitre d'Héloïse, monument
« justement célèbre que son auteur élevait à 20 ans
« (il en avait 26), monument vraiment précieux qui
« durera autant que notre langue, qu'on sait par cœur
« dès qu'on l'a lu et qu'on relit encore quand on le
« sait par cœur. »

La tragédie d'Astarbé n'avait eu au contraire qu'un
succès d'estime. Colardeau néanmoins ne voulut pas
renoncer au théâtre, et il composa une nouvelle tragédie, *Caliste,* imitée de la *Belle pénitente* de Rowe. Caliste fut représentée à la Comédie Française en 1760 :
le jeu admirable de Mlle Clairon sauva seul peut-être
d'une chute complète la pièce de Colardeau, mais
ne la préserva pas de malveillantes critiques. Notre poète
en ressentit profondément les atteintes, car, ainsi qu'il
le disait lui-même : « La critique me fait tant de mal
« que jamais je n'aurai la cruauté de l'exercer contre
« personne. »

Il fit cependant encore quelques pièces de théâtre,
mais il n'osa plus affronter le grand public de la Comédie Française. C'est ainsi qu'en 1762, il fit représenter
à Auteuil, sur un théâtre particulier, *Camille et Constance,*
drame en deux actes, qu'il se proposait de retoucher :
c'est ainsi qu'à sa mort on retrouva dans ses papiers
deux opéras-comiques, *la Courtisane amoureuse* et *les*

Amours de Pierre le Long et de Geneviève Bazu, pièces qui n'avaient du reste que le mérite de l'à-propos. Un peu plus tard, pendant un de ses séjours à Pithiviers, il composa une comédie, *les Perfidies à la mode* ou *la Jolie femme,* dont il fit la lecture en 1767. Mais lorsqu'il s'agit de la faire représenter, il hésita, et, à trois reprises différentes, il laissa passer son tour de jouer, si bien que la pièce ne parut jamais sur la scène.

L'art d'imiter semblait être par excellence le propre du talent de Colardeau : il le sentait, non qu'il manquât de verve et de fécondité. Dans son *Epitre à M. Duhamel de Denainvilliers,* il peint avec la plus riche abondance de couleurs les délices de la campagne :

La campagne, à mes yeux, eut toujours des attraits.
Un charme, plus puissant que de vains intérêts,
Du milieu des cités sans cesse m'y rappelle.
Elle eut mes premiers goûts, et je suis né pour elle.
S'il est quelque laurier que ma main put cueillir,
Si d'un foible talent je puis m'enorgueillir,
Si ma lyre, fidèle aux lois de l'harmonie,
Suppléa, dans mes vers, au défaut du génie ;
Si, moins brillant que pur, plus vrai qu'ingénieux,
Jamais d'un faux éclat je n'éblouis les yeux ;
Aux bois, aux prés, aux champs je dois ces avantages.
C'est là que j'esquissai mes premières images,

Et que, par les objets ému profondément,
J'unis à mes tableaux le feu du sentiment :
J'observai la nature et fus son interprète ;
De ses vives couleurs je chargeai ma palette.
Souvent, lorsque la nuit déployoit dans les airs
Ce voile parsemé de tant d'astres divers ;
Souvent, lorsque l'aurore étincelante et pure
Des roses du matin coloroit la nature,
Ou lorsque le soleil, plus radieux encor,
Rouloit son char de feu sur des nuages d'or,
Parmi ces jets brillans et ces nuances sombres,
Je saisis le contraste et du jour et des ombres.
Souvent, du rossignol j'écoutai les chansons [1] *;*
Il instruisit ma muse attentive à ses sons :
J'appris à soupirer ces notes languissantes,
De la plainte amoureuse expressions touchantes ;
Je formai ces accords plus vivement frappés,
A la joie, au plaisir, à l'ivresse échappés,
Et par ces tons divers mon oreille exercée
Sut donner à ma voix l'accent de ma pensée.

Mais, soit que par un excès de modestie il se défiât

---

1 « Le génie de Colardeau, dit Marmontel, était ami du calme ; il se plaisait dans la solitude, mais il voulait qu'elle fût riante et doucement mélancolique. Le chant des oiseaux était pour lui une harmonie délicieuse ; il passait des nuits à l'entendre. « Ecoute, disait-il « à un ami qui veillait avec lui dans son dernier voyage à Pithiviers, « écoute : que la voix du rossignol est pure ! que les accents en sont « mélodieux ! Ainsi devraient être mes vers. » Le chantre du printemps était le seul rival dont il se permît d'être envieux. »

de ses forces, soit que le travail de la création fût en effet trop pénible pour lui, ses pinceaux ne dédaignaient pas de s'exercer sur les dessins d'un autre. C'est ainsi qu'il fit paraître une héroïde, *Armide et Renaud*, imitée de *la Jérusalem délivrée*, qu'il mit en vers les deux premières *Nuits* d'Young et *le Temple de Gnide* de Montesquieu.

En 1762, il publia *le Patriotisme*, poème qui valut à l'auteur une lettre de félicitation du duc de Choiseul ; mais en même temps paraissait, sous le nom de Poinsinet de Sivry, une satire très mordante, *Epître à M. Colardeau sur son poème du Patriotisme*. Colardeau y répondit très finement par *l'Epître à Minette* [1] :

> *Cessez vos jeux, Minette, et m'écoutez.*
> *Je hais en vous l'abus de mes bontés.*
> *Toujours mutine, étourdie et légère,*
> *Minette, enfin, me deviendra moins chère.*
> *Votre air prévient : mais pourquoi cachez-vous*
> *Un cœur cruel sous des dehors si doux ?*
> *Pourquoi surtout ces pattes veloutées,*
> *Mais en dessous de griffes ergotées,*

1. Cette Épitre était adressée à La Harpe, un des plus ardents détracteurs de Colardeau, et qui, par une singulière ironie du sort, lui succéda à l'Académie française et fut chargé de prononcer son Éloge.

Tirant leurs traits de leurs petits carquois,
De coups subits frappent-elles mes doigts ?
Vous déchirez la main qui vous caresse :
Je ne veux plus que ma lâche foiblesse
Nourrisse en vous ces sentiments ingrats.

Colardeau avait aussi traduit les six premiers chants de *la Jérusalem délivrée* et commencé une traduction de *l'Enéide ;* mais, ayant appris que Watelet et Delille y travaillaient, il détruisit lui-même les manuscrits de ces traductions.

. Ses dernières œuvres furent *les Hommes de Prométhée* (Paris, 1775, in-8º), et *les Stances à un ami* [1].

Tu plains mes jours troublés par tant d'orages,
Mes jours affreux, d'ombres environnés ! [2]

1. Cet ami était Jabineau de la Voute, fils sans doute du parrain de Colardeau, et qui fut le premier éditeur des œuvres du poète.
2. Il semble, d'après ce vers, que Colardeau avait presque perdu la vue. Dans une autre pièce intitulée *Bulletin de ma santé,* il s'exprime ainsi :

Au fond de mon alcôve, aveugle, renfermé,
J'attends, pour aller voir les moitiés les plus chères,
Que de mes yeux le fanal rallumé
Me rende enfin ses clartés ordinaires. . . . .
Si j'en croyois et mon cœur et mes vœux,
Je partirois à l'instant même ;
Mais la prudence dit : « Attends, tu feras mieux :
On n'a jamais de trop bons yeux
Pour voir les objets que l'on aime. »

Va, les douleurs m'ont mis au rang des sages ;
Et la raison suit les infortunés.

A tous les goûts d'une folle jeunesse
J'abandonnai l'essor de mes désirs :
A peine, hélas ! j'en ai senti l'ivresse
Qu'un prompt réveil a détruit mes plaisirs.

Brûlant d'amour et des feux du bel âge,
J'idolâtrai de trompeuses beautés.
J'aimois les fers d'un si doux esclavage ;
En les brisant, je les ai regrettés.

J'offris alors aux Filles de mémoire
Un fugitif de sa chaîne échappé ;
Mais je ne pus arracher à la gloire
Qu'un vain laurier que la foudre a frappé.

Enfin, j'ai vu de mes jeunes années
L'astre pâlir, au midi de mes jours.
Depuis longtemps la main des destinées
Tourne à regret le fuseau de mes jours.

Gloire, plaisir, cet éclat de la vie,
Bientôt pour moi tout est évanoui :
Ce songe heureux, dont l'erreur m'est ravie,
Est trop rapide, et j'en ai peu joui.

Mais l'amitié sait, par son éloquence,
Calmer des maux, qu'elle aime à partager,

Et, chaque jour, ma pénible existence
Devient, près d'elle, un fardeau plus léger.

Jusqu'au tombeau si son appui me reste,
Il est encor des plaisirs pour mon cœur ;
Et ce débris d'un naufrage funeste
Pourra, lui seul, me conduire au bonheur.

Quand l'infortune ôte le droit de plaire,
Intéresser est le bien le plus doux ;
Et l'amitié nous est encor plus chère
Lorsque l'amour s'envole loin de nous.

Le charme et l'harmonie de ses vers, la délicatesse et la sensibilité de ses pensées le désignaient au choix de l'Académie française : celle-ci, par 17 voix sur 25, l'élut, le 2 mars 1776, pour succéder au duc de Saint-Aignan [1].

Mais les forces de Colardeau étaient épuisées : il avait toujours été d'une complexion faible et valétudinaire ; il fut attaqué d'une hydropisie de poitrine, comme il travaillait à son discours de réception à l'Aca-

---

1. On rapporte que lorsqu'on présenta Colardeau au Roi, avec d'autres personnes, pour qu'il ratifiât leur élection, à chaque nom qu'elle entendait, Sa Majesté approuvait en silence ; mais lorsque vint le tour de Colardeau, Louis XVI s'écria aussitôt : « Pour celui-ci, avec plaisir ! »

démie, et il mourut, le 7 avril 1776, à Paris, rue Cassette, dans l'hôtel du comte de la Vrillière, qui avait toujours été son protecteur.

Dorat, son plus intime ami, composa pour lui cette épitaphe :

Ci-gît le tendre écho des regrets d'Héloïse :
Nous admirions sa muse auprès de Pope assise.
Au midi de ses jours, faut-il que l'univers
Donne à sa mort des pleurs qu'il gardoit pour ses vers !

Les œuvres de Colardeau ont été plusieurs fois réunies. Parmi les diverses éditions, nous mentionnerons :

Œuvres. Paris, Ballard, 1779, 2 vol. in-8°, par les soins de Jabineau de la Voute, avocat. — *Idem*. Paris, Cazin, 1793, 3 vol. in-32. — *Idem*. Paris, Raymond, 1811, 2 vol. in-18. — *Œuvres choisies*. Paris, Didot, 1811, in-18. — *Idem*. Paris, Desenne, 1822, 2 vol. in-18. — *Idem*. Paris, Janet, 1824, in-18. — *Idem*. Paris, Chantepie, 1826, 2 vol. in-32. — *Idem*. Paris, Hiard, 1833, in-18.

16 février 1882.

XXV

-J.-C. SOULAS D'ALLAINVAL

1695-1753

L.-J.-C. SOULAS D'ALLAINVAL

Léonor-Jean-Christine Soulas naquit à Chartres vers 1695. Comme il nous l'apprend lui-même dans le prologue de sa pièce, *l'Embarras des richesses,* qu'il dédia à M. de Morville, sa famille était protégée par M. Fleuriau d'Armenonville, gouverneur et grand-bailli de Chartres. Ce seigneur, qui remarqua l'esprit naturel du jeune Soulas, l'engagea à aller à Paris. A son arrivée dans cette ville, Soulas prit le petit collet et quitta son nom de famille pour adopter celui d'Allainval, qui devait plus facilement lui donner accès chez les grands auxquels il comptait faire sa cour.

Il est probable que Soulas commença par faire des pièces fugitives qu'il récitait dans les cercles où il était admis ; mais aucune de ces œuvres ne nous a été conservée : nous ne connaissons l'abbé d'Allainval que par les comédies qu'il donna au théâtre. La première qu'il fit représenter par les comédiens italiens de l'hôtel de Bourgogne, le 9 juillet 1725, est *l'Embarras des riches-ses,* comédie en trois actes. Elle fut très bien accueillie par le public, et ce succès décida d'Allainval à se consacrer entièrement au théâtre. Il réussissait très bien dans le vaudeville, et nous trouvons dans sa première pièce des vers qui peignent bien son caractère :

> *Les richesses, les vains honneurs*
> *Sont des fers qui gênent la vie :*
> *Heureux qui, loin de ces grandeurs,*
> *Passe des jours dignes d'envie.*
> *Il ne connoît que les plaisirs ;*
> *Son champ est tout ce qu'il désire,*
> *Et s'il pousse quelques soupirs,*
> *Ce n'est que d'amour qu'il soupire.*

L'année suivante, il composa *le Tour de carnaval,* comédie en un acte et en prose, avec des divertissements. Cette pièce fut représentée à l'hôtel de Bourgogne, le 24 février 1726 : le ballet était de Marcel, maître à danser du Roi, et la musique de Mouret. La comédie se termine par une danse, où un vieillard et une vieille femme viennent tour à tour déplorer le temps actuel dans des couplets dont le refrain est cahin-caha.

> Dans ma jeunesse,
> La vérité régnoit,
> La vertu dominoit,
> La constance brilloit,
> La bonne foi régloit
> L'amant et la maîtresse.
> Aujourd'hui, ce n'est plus cela :
> Ce n'est qu'injustice,
> Trahison, malice,
> Changement, caprice,
> Détours, artifice,
> Et l'amour va
> Cahin-caha.

Ces couplets eurent une si grande vogue qu'on donna souvent à la pièce elle-même le titre de *Cahin-caha*. Un menuet chanté par une petite fille eut aussi beaucoup de succès :

> Je ne suis plus dans l'ignorance,
> Je sçais mon ba, be, bi, bo, bu ;
> Déjà mon petit cœur ému
> Près d'un jeune berger commence
> De faire ta, te, ti, to, tu.
>
> Faites-moi donc présent, ma mère,
> D'un mari da, de, di, do, du;
> Qu'il soit sémillant, vif et dru,
> Surtout d'un âge à pouvoir plaire,
> Car un vieux pa, pe, pi, po, pu.

Si pour moi sa tendresse dure,
J'aurai toujours de la vertu ;
Mais s'il est brutal et bourru,
Ma bonne maman, je vous jure
Qu'il sera ca, ce, ci, co, cu.

Le 27 juillet de la même année, d'Allainval fit représenter au Théâtre-Français *la Fausse Comtesse,* comédie en un acte et en prose, qui eut au reste peu de
succès. *L'Ecole des Bourgeois,* qui fut jouée au même
théâtre le 20 septembre 1728, fut aussi tout d'abord
médiocrement goûtée ; elle n'eut, à l'époque où elle
fut composée, que sept représentations : mais elle a été
mieux appréciée depuis, et elle est encore au Réper-
toire. « Cette pièce, dit La Harpe, a peu d'intrigue, mais
« il y a du dialogue et des mœurs. Le naturel et le bon
« comique y dominent ».

C'est en effet l'intrigue qui manque dans toutes les
pièces de d'Allainval, et c'est ainsi que peut s'expliquer
le peu de faveur avec laquelle elles furent acceptées du
public. Malgré ses échecs, Soulas ne se décourageait
pas. Le 17 juillet 1731, il donnait au Théâtre-Français
le Mari curieux, comédie en un acte et en prose, avec
un divertissement ; le 19 février 1733, au théâtre Italien, l'*Hiver,* en un acte et en vers libres ; enfin, le 28

août 1734, au théâtre de la foire Saint-Germain, *la Fée Marotte,* opéra-comique en un acte.

Voici la première scène de l'*Hiver* :

> Des vrais plaisirs unique asile,
>   Paris, c'est l'hiver que tu vois :
> Las de régner au Nord, il vient, heureuse ville,
> Dans tes murs enchanteurs se délasser trois mois.
> Ne tremble point à voir mes neiges et mes glaces :
> Au rôle de vieillard le sort m'a condamné ;
> Mais le Printemps, malgré sa jeunesse et ses grâces,
>   N'en est pas moins mon frère aîné.
> Bacchus, les Ris, les Jeux sont toujours sur mes traces,
>   Et, sous cet attirail barbon,
> J'ai le cœur verd-galant, enjoué, vif, aimable ;
>   J'ai toujours bon vin, bonne table,
> Et je n'ai pas toujours les mains dans mon manchon.

La Fée Marotte ne fut jamais imprimée ; mais nous avons tiré du manuscrit de l'auteur le vaudeville final :

> J'étois jadis une mère sauvage,
> Et je tenois ma fille en esclavage :
>   Quelle folie et quel ennui !
> J'ouvre les yeux, et je deviens coquette ;
> Je lui permets d'aller au bal seulette :
>   C'est la sagesse d'aujourd'hui.

Au temps jadis, une fille à mon âge
D'un tendre amant ne savoit pas l'usage :
Quelle folie et quel ennui !
Mais à présent la beauté la plus neuve
Pour le jargon sait autant qu'une veuve :
C'est la sagesse d'aujourd'hui.

J'étois jadis un époux intraitable :
Brutal, jaloux, chagrin et misérable :
Quelle folie et quel ennui !
Mais, cadédis ! j'ai bien changé de gamme,
Et me voilà confident de ma femme :
C'est la sagesse d'aujourd'hui.

D'Allainval aimait trop le plaisir et vivait dans une incurie complète : la plupart du temps, il ne savait même où reposer sa tête, et passait la nuit derrière une des boutiques du Pont-Neuf ou dans une de ces chaises à porteur dont Paris était alors rempli. Pour gagner quelque argent, il prostitua son esprit. Voyant qu'il ne pouvait réussir à faire accepter ses pièces de théâtre par le public parisien, il abandonna la poésie et composa les livres les plus disparates : *Ana ou les Bigarrures calotines ; Eloge de la méchante femme ; Almanach astronomique, géométrique et qui plus est véritable; Commentaires sur la mythologie ; Anecdotes de la Russie sous Pierre Ier*, etc.

Il mourut à l'Hôtel-Dieu de Paris, le 2 mai 1753,
d'une apoplexie, suite d'un trop bon dîner qu'il avait
fait chez un fermier-général.

Un de ses amis, Pannard peut-être, avec lequel il
était très lié, composa pour lui l'épitaphe suivante :

Cet abbé d'Allainval, qui peignit l'embarras
Où la richesse nous expose,
Etoit un bon humain, hélas !
Qui parloit de l'effet sans connoître la cause ;
Car onc du trop avoir ne fut embarrassé.
Pauvre il vécut, pauvre il est trépassé.

4 septembre 1882.

XXVI

MARIE-PRUDENCE PLISSON

1727-1788

MARIE-PRUDENCE PLISSON

« Le 27 novembre 1727, a esté baptisée Marie-Pru-
« dence, fille de Thomas Plisson, procureur au bailliage
« et siège présidial de Chartres, et de Prudence Dau-
« vergne, sa femme. Son parain maistre Claude Levassor,
« avocat au bailliage et siège présidial de Chartres ; sa
« maraine dame Marie-Louise Mézanet, veuve de
« messire Jean Larouzay » (Registres de l'état-civil de
la paroisse Sainte-Foi). Mlle Plisson composa, trés jeune
encore, de nombreuses poésies, dont une, Ode sur la
vie champêtre, eut l'honneur de gagner l'anémone aux
jeux floraux en 1751. Outre cette ode, nous en connaissons plusieurs autres : Ode sur la naissance du duc
de Bourgogne, 1751; Ode sur la naissance du duc d'Aqui-
taine, 1753 ; Ode à l'occasion des pluies survenues l'année
dernière, 1754.

Pour faire connaître la manière de Mlle Plisson, nous reproduirons une chanson, espèce de pot-pourri, qu'elle composa pour célébrer la venue du Dauphin et de la Dauphine en la ville de Chartres (19 juin 1756) [1] :

Sur l'air : *Lisette est faite pour Colin.*

Muse, puisque de nouveaux Dieux
Viennent sur ce rivage,
Cherche des sons mélodieux
Pour offrir ton hommage :
Ou plutôt, grand Dieu de Délos,
Prends toi-même ta lyre
Pour chanter de jeunes Héros,
Soutiens de ton Empire.

1. Cet événement ne pouvait manquer d'exercer la verve des rimeurs beaucerons. M. Raimbault (Charles–Barthélemy–Jean, né à Châteaudun en 1750), professeur de philosophie au collège Pocquet, fit une églogue, assez médiocre du reste, dont nous citerons seulement le couplet final sur l'air : *A l'ombre d'un vert bocage :*

Allez donc au nom du bocage
Présenter votre compliment,
Et, pour faire agréer l'ouvrage,
Dites au Prince ingénument
Que si des poètes sublimes
Le chantent mieux dans leurs chansons,
Ce que mieux que nous ils expriment
Mieux qu'eux aussi nous le sentons.

Sur l'air: *Que je chéris mon cher voisin.*

Cupidon, chargé par Cypris
        D'un billet d'importance,
Pressé d'arriver à Paris,
        Voloit en diligence.
Mais en passant par Maintenon,
        Un brillant équipage,
En fixant son attention,
        Retarda son voyage.

Sur l'air : *Dedans mon petit réduit.*

Ce Dieu, curieux et fin,
        Autant que volage,
Reconnaissant du Dauphin
        L'air plein de courage,
En secouant son carquois,
        S'écria par deux fois :
Voilà mon ouvrage, ô gué,
        Voilà mon ouvrage.

Bon, dit-il aux Ris, aux Jeux,
        J'aime ce voyage ;
C'est des plus aimables feux
        Un précieux gage.
Ah ! filons des jours heureux
        A ce couple vertueux ;
Car c'est mon ouvrage, ô gué,
        Car c'est mon ouvrage.

Sur l'air : *Nous jouissons dans nos hameaux.*

> Un Ris novice qui jamais
>   N'avoit quitté Ciprine,
> Enchanté, ravi des attraits
>   De l'aimable Dauphine :
> Ah ! dit-il, d'un air innocent,
>   C'est Psyché, oui c'est elle.
> Non, dit l'Amour en rougissant,
>   Psyché n'est pas si belle.

> Les Nymphes de notre païs,
>   Voyant cette Princesse,
> Se demandent d'un air surpris
>   Quelle est cette Déesse.
> Que de majesté, que d'appas !
>   On la prendroit pour Flore ;
> Elle joint au port de Pallas
>   La fraîcheur de l'Aurore.

Sur l'air : *De tous les Capucins du monde.*

> Mais que son époux est aimable !
> Qu'il a l'air grand, doux, noble, affable !
> Ah ! s'ils habitoit nos hameaux,
> L'amour verroit peu de rebelles :
> Tous nos bergers seroient rivaux
> Et nos bergères infidèles.

Comme on le voit par le titre des pièces que nous avons citées, c'est surtout sur des sujets de circonstance que Mlle Plisson exerça sa verve poétique. Quand sa première jeunesse fut passée, elle semble avoir cessé de rimer : son cœur généreux, son esprit ardent la lancèrent dans la philosophie. Elle embrassa avec feu les idées philanthropiques, si à la mode alors, et, en 1758, elle fit paraître à Chartres, chez Fr. le Tellier, un *Projet d'une société pour soulager les pauvres de la campagne.* C'était la première fois qu'on faisait le plan de ces sociétés philanthropiques qui naquirent, si nombreuses en théorie, dans les années qui précédèrent la Révolution.

Mlle Plisson envoya son projet à M. de Sahuguet d'Espagnac, abbé de Coulombs, qui lui répondit : « Je « viens de finir la lecture de votre livre, et mon âme « est encore attendrie de ce que vous y dites. On sent « que vous parlez d'après votre cœur et d'après ce que « vous pratiquez. Si vos principes étoient suivis, s'ils « étoient seulement sentis par les gens du monde, il « n'y auroit plus de pauvres ni de malheureux. Un « mérite qu'ils ont de bien supérieur à toute la morale « de nos charlatans philosophes sur l'humanité et la bien- « faisance, c'est qu'ils sont établis sur une base solide, « celle de la religion. La première partie, quoique

« philosophique, est la mieux écrite ; dans les autres,
« il y a quelques négligences de style. Les interlocu-
« teurs que vous y amenez paroissent un peu brusque-
« ment sur la scène pour y faire anecdote. Mais ces
« petits défauts ne déparent pas un excellent ouvrage,
« l'ouvrage de la vertu chrétienne. »

Nous avons voulu dire quelques mots de cet ouvrage
de Mlle Plisson, bien qu'il ne rentrât pas dans notre
cadre, pour faire connaître le caractère de notre auteur.
Nous ne parlerons pas de ses autres ouvrages philoso-
phiques : ils sont tous écrits en prose.

Mlle Plisson mourut à Chartres le 16 décembre 1788,
et fut inhumée dans le cimetiére de l'église de Saint-
Martin-le-Viandier.

6 octobre 1883.

XXVII

JEAN LE MARCHANT

1262

JEAN LE MARCHANT

Nous connaissons bien peu de choses de la vie de cet auteur : tout ce que nous en savons, c'est lui qui nous l'apprend dans l'épilogue de son poème, *le Livre des Miracles de Notre-Dame de Chartres :*

> *Mestre Johan le Marcheant,*
> *Que Dex gart d'estre mescheant*
> *Et doint que tozjorz bien li chée,*
> *Ceste euvre a dusqu'à chief cerchiée.*
> *Mil deux cens* LXII *ans*
> *Puis l'Incarnacion passans,*
> *Ou sexante deux, en septembre,*
> *Si com par mon escript me membre,*
> *Fut ceste besoigne achevée,*
> *A l'enneur la Dame ennorée,*
> *Qui de miséricorde est fontaine,*
> *De grâce seurondant et pleine.*

II.

Ceste euvre fut par le ouvrée,
Et comenciée et consummée,
Au tens de nostre rois Lois,
Que Dex sauve en son seint pais,
Et sa mère qui ot non Blanche,
Qui fut dame piteuse et franche.
Dex gart li rois et sa lignée,
Fame et enfanz, frères, megnée.
Por le roi et por les suens
Se geu pri cest reisons et sens ;
Car la provende de Péronne
Me donna li rois qui bien donne.

C'est donc en l'année 1262 que Jean le Marchant
termina son livre, et en récompense le roi saint Louis
lui donna une prébende à Péronne. Son poème est exclusivement chartrain ; mais l'auteur lui-même était-il
de Chartres ? A cela il n'y a pas de doute : dans un autre
passage du *Livre des Miracles* que nous rapporterons
tout à l'heure, il nous dit que c'est à l'instigation de
l'évêque Mathieu qu'il entreprit sa traduction (car,
comme nous allons le voir, le livre de Jean le Marchant n'est qu'une traduction). Or, pour que l'évêque
de Chartres s'adressât à lui, il fallait qu'il fît partie du
clergé de la ville de Chartres, et si Jean le Marchant n'y
occupait pas une place considérable, il devait au moins
être un des clercs de Notre-Dame.

A plusieurs reprises, notre auteur déclare qu'il n'a fait que traduire en français un ouvrage écrit en latin avant lui :

> Voil mètre en roumans et en rime
> Et dou latin en françois treire
> Afin que . . . . . puisse plaire,
> Et que l'entendent la gent laie.

Pendant longtemps on a cru que l'original était perdu ; mais, l'année dernière (1883), M. Antoine Thomas le retrouva à la Bibliothèque du Vatican et le publia dans la *Bibliothèque de l'Ecole des Chartes,* sous ce titre : *Miracula beate Marie virginis in Carnotensi ecclesia facta.* Ce manuscrit provient de l'abbaye des Vaux-de-Cernay, et a très probablement été écrit par un religieux de ce monastère vers l'année 1220. C'était sans doute ce manuscrit même, ou une copie contemporaine, qui fut retrouvé du temps de l'évêque Mathieu, dans le Trésor de l'église de Chartres, et qui servit à Jean le Marchant pour faire sa traduction. Au reste, le poëte nous raconte lui-même, dans la préface de son œuvre, comment fut faite cette découverte et il nous démontre comment nous devons ajouter foi à ce que rapportait l'auteur original :

Cil qui ce mist en escriture
Vit les miracles et l'arsure [1].
Bien doit li homs estre creuz
De ce qu'ò ses iaulz ot veuz.
Cil qui le latin en escrit
Vit quant qu'il mist en son escrit ;
Donques en fet-il bien à croire
Que ce qu'il dit est chose voire.
Par lonc tens a esté teu
Li livres qui n'est pas seu,
Ne il n'estoit pas en mémoire,
Car il ert enclous en l'aumoire
Ou Trésor de l'iglise à Chartres,
Où il a moult lectres et chartres,
Previlèges de seignories
Et livres de toutes clergies
Qui melz vallent qu'argent et qu'or.
En une huche, en ce Trésor,
Fut trové par quaiers li livres,
Qu'en prise plus que d'or mil livres,
Ne que richesses ne qu'avoir.
Trové fut, ce devez savoir,
Au tens à l'évesque Mahé [2],
A cui il a moult agréé

1. L'incendie de la Cathédrale de Chartres en 1194.
2. L'évêque Mathieu siégea de 1246 à 1259 ; le livre de Jean le Marchant ne fut achevé qu'au mois de septembre 1262 : nous voyons donc qu'il mit plusieurs années à l'écrire.

Que cest oevre fust commenciée,
Et achevée et avanciée,
Et dou latin en roumans mise,
Et de laie gent aprise
Qui de latin mie n'entendent.

Le *Livre des Miracles* a été publié en 1855, chez Garnier, par les soins de M. Gratet-Duplessis, d'après un manuscrit de la Bibliothèque de Chartres, manuscrit interpolé en plus d'un endroit pour faire remonter à Fulbert la construction de la cathédrale actuelle. Dans un savant Mémoire publié à la suite du *Livre des Miracles,* MM. Rossard de Mianville et M. Michel Chasles avaient déjà victorieusement démontré ces interpolations : la découverte de l'original latin, faite, comme nous l'avons dit, par M. Ant. Thomas, prouve d'une manière encore plus évidente les retouches que quelque chanoine trop zélé du XVe siècle fit subir à l'œuvre primitive de Jean le Marchant.

Nous terminerons cet article en rapportant l'appréciation faite de l'œuvre de notre poète par M. Duplessis, le meilleur juge en pareille matière : « Jean le « Marchant n'était pas un grand poète, mais à la naï- « veté qui distingue éminemment les écrivains du XIIIe « siècle, il joignait une certaine facilité de style qui

« n'est pas indigne d'être remarquée. Ajoutons que le
« sentiment de piété profonde qui l'animait lui a sug-
« géré plus d'une fois d'heureuses inspirations qui de-
« viennent par moments de la vraie poésie, de cette
« poésie facile à reconnaître, parce qu'elle se manifeste
« toujours par la plus parfaite harmonie entre la pensée
« et l'expression ».

4 Juin 1884.

XXVIII

DENIS CHALLINE

1613-1683

DENIS CHALLINE

Charles Challine, seigneur de Messalain, conseiller du Roi et élu en l'élection de Chartres à la fin du XVIᵉ siècle, eut de sa femme, Madeleine Compagnon, trois fils qui, tous les trois, se consacrèrent à la carrière du barreau et se firent également connaître par les œuvres qui sortirent de leur plume.

L'aîné, Charles Challine, naquit le 19 décembre 1596. Il épousa Marie Delacroix et succéda à son père dans la seigneurie de Messalain. C'était un bibliophile distingué pour l'époque où il vivait ; à sa mort sa bibliothèque ne comptait pas moins de 3,600 volumes. Il était premier avocat du Roi au bailliage de Chartres, et, en cette qualité, il prononça plusieurs harangues qui eurent l'honneur d'être imprimées. Il écrivit aussi une *Histoire de la ville de Chartres,* qui existe en manuscrit à la Bibliothèque communale de cette ville. Nous ne nous occuperons pas davantage de ses ouvrages en prose,

mais nous signalerons de lui quelques poésies : une
Lettre de consolation à Mme *des Essarts, sur la mort de M. le
conseiller des Essarts, son mary* (Chartres, Claude Cotte-
reau, 1623, in-8°), et deux petites pièces de vers adres-
sées à Florent Chouayne ¹ et imprimées en tête des

1. Florent Chouayne, né à Chartres en 1573, publia, à l'âge de
72 ans, *Les Divertissements, contenant un recueil de diverses devises
et emblesmes, la plus grande partie de son invention, divisé en vingt-
cinq centuries* (Chartres, Mich. Georges, 1645, in-12). Ce livre, auquel
il donna des *Continuations* en 1646 et 1647, est en prose, sauf deux
vers qui commencent la dédicace aux Dames de Chartres :

> *Heureux celuy qui, pour devenir sage,*
> *Du mal d'autruy fait son apprentisage;*

mais Florent Chouayne, comme tant d'autres auteurs chartrains du
commencement du XVIIᵉ siècle, sacrifia aussi aux Muses. Nous citerons pour exemple un sonnet qu'il adressa à Sébastien Rouillard au
sujet de sa *Parthénie :*

> *Cher Rouilliard, bel esprit, merveille de nos jours,*
> *Quel mouvement divin élève ta pensée,*
> *Pour rendre à nos Chartrains de leur gloire abaissée*
> *Le relief plus hautain, par tes riches discours ?*
>
> *Ce docte Lipsius que tu chéris toujours*
> *Auroit-il point ton âme à ce projet poussée,*
> *Par la Vierge du Hault, qu'il a tant rehaussée* *,*
> *Ou la Dame Chartraine en qui sont tes amours ?*
>
> *Non, ce n'est ce Flamand qui pique ton courage :*
> *La Dame te dispose à si céleste ouvrage,*
> *Comme digne artisan d'un si brave dessein,*
>
> *Afin que, ravivant ceste mourante histoire,*
> *L'on voie en tes caiers, et les traicts de sa gloire,*
> *Et Chartres redevable au labeur de ta main.*

* Juste Lipse, flamand, avait écrit l'histoire miraculeuse de Notre-Dame de
Halle.

deux premières parties des *Divertissements* de cet auteur.
Voici une de ces pièces de vers :

> *Voyant ton recueil de Devises,*
> *Chouayne, mes sens sont surpris :*
> *Jamais tant de choses exquises*
> *Ne furent en aucuns escris.*
> *Tes Divertissements nous font voir la peinture*
> *De tout ce qu'ont de rare et l'art et la nature*
> *Pour instruire nos mœurs et pour ravir nos yeux.*
> *Si tes jeux sont remplis de toutes ces merveilles,*
> *Combien donc seront précieux*
> *Les fruicts plus sérieux de tes meilleures veilles ?*

Le second des trois frères, Paul Challine, naquit le
25 janvier 1609 et épousa Marie Bellier du Plessis. Il
se qualifiait seigneur de Saint-Luperce et était conseiller
du Roi au bailliage et siège présidial de Chartres. Les
livres qu'il composa roulent exclusivement sur le droit
et la coutume ; il n'a laissé aucun ouvrage qui rentre
dans notre cadre.

Enfin, le troisième fils de Charles Challine et de Madeleine Compagnon, Denis Challine, naquit à Chartres,
comme ses frères, le 21 mars 1613. Il portait le titre
de seigneur de Chambon et épousa, le 17 janvier 1656,
Marie de Gyvès, fille de Paul de Gyvès, élu en l'é-
lection de Dreux, secrétaire du marquis de Sourdis.

Denis Challine se voua à la carrière du barreau et devint avocat au Parlement : il mourut à Chartres, le 19 février 1683.

Il consacra ses loisirs à la poésie et entreprit une traduction des satires de Juvénal [1], œuvre de longue haleine et qui offrait des difficultés que Denis Challine, nous devons l'avouer, n'a pas toujours heureusement surmontées.

Il avait commencé par publier une *Ode sur la félicité du Parnasse et sur la difficulté d'y arriver.* Nous en extrayons les deux strophes suivantes, les meilleures, ou du moins les moins mauvaises, à notre avis :

> *Le chemin en est difficile*
> *Plus qu'on ne peut s'imaginer.*
> *Il faut, pour y bien cheminer,*
> *Paroistre aussi constant qu'habile;*
> *Il faut se montrer vigoureux*
> *Devant les monstres dangereux*
> *Qui s'emparent des avenues;*
> *Il faut, pour s'immortaliser,*
> *Dans leurs embusches reconnues*
> *Les combattre et les écraser.*

1. *Les Satires de Juvénal en vers françois, avec un Discours de la satire et quelque autre poésie, par M⁰ Denys Challine, avocat au Parlement de Paris.* Paris, Edme Pépingué, 1653, in-12.

Ces monstres sont l'Impertinence,
L'Envie et le Peu de sçavoir,
Qui heurtent de tout leur pouvoir
Le Mérite dès sa naissance.
On n'en est jamais le vainqueur
A moins que d'estre d'un grand cœur
Et d'une prévoyance extresme ;
Mais lorsqu'on a ces dons du ciel,
Leur courroux se perd de luy-mesme
Dans l'amertume de son fiel.

Notre auteur, puisqu'il se rendait si bien compte de la difficulté d'arriver au Parnasse, aurait peut-être dû se contenter de jouir, à part lui-même, de la félicité qu'il trouvait dans le commerce des Muses. Sa traduction de Juvénal ne peut plus guère supporter aujourd'hui la lecture. Desportes et Régnier avaient déjà paru, et si l'on doit s'étonner, c'est que, un demi-siècle après ces immortels auteurs, on pût faire des vers souvent aussi inintelligibles. Qu'on en juge : voici un des meilleurs morceaux, extrait de la 4e satire de Juvénal, où le poëte latin raconte comment Domitien consulta le Sénat pour savoir à quelle sauce on devait manger un turbot qui lui avait été présenté :

Vierges de Piérie, illustres en ces lieux,
Racontez en mes vers ce sujet sérieux ;

Que j'obtienne de vous cet heureux avantage
Pour vous avoir nommé vierges en mon ouvrage.
Lorsque Domitien, par la rigueur du sort,
Deschiroit laschement l'univers demy-mort,
Et que Rome servoit avec ignominie
A ce chauve Néron, célèbre en tyrannie,
Un monstre de turbot, d'admirable grandeur,
Au golfe d'Adria fut pris par un grand heur,
Justement vis-à-vis du temple magnifique
De la belle Vénus d'Ancône la Dorique,
Et remplit les filets au lieu d'autres poissons,
N'estant pas plus petit que ceux que les glaçons
Couvrent durant l'hyver au Palus Méotide,
Et qui, lorsque la glace est enfin moins solide,
Se jettent dans le sein du Pont qui les reçoit,
Engourdis de paresse et gras par un long froid.

Nous ne voulons pas nous arrêter plus longtemps sur la traduction de Denis Challine : cependant nous citerons encore quelques vers du commencement de la 6e satire, où l'auteur semble avoir devancé l'époque moderne en faisant la description des demeures de l'âge préhistorique.

Je croy que la Pudeur demeura sur la terre
Quand Saturne régnoit au Ciel qui nous enserre,
Et qu'on la vit longtemps orner notre horizon
Quand la froide caverne y servoit de maison,

Et que sous la mesme ombre elle enfermoit les maistres,
Le feu, le dieu de l'âtre et les troupeaux champestres ;
Quand la femme rustique, avecque peu de soin,
Faisoit son pauvre lit de feuillages, de foin,
De fourrage et de peau d'une beste sauvage,
Par un puissant effort tuée au voisinage.

Ce qu'il y a de meilleur dans le livre de Denis Challine est peut-être un *Argument* qu'il a placé en tête de
sa traduction, et *où*, comme il le dit lui-même, *dans
chaque vers le sujet de chaque satire de Juvénal est compris :*

La première satire en préface est écrite.
La seconde confond le censeur hypocrite.
La troisiesme surtout déteste les flatteurs.
La quatriesme en veut aux lâches sénateurs.
La cinquiesme se rit du parasite infâme.
La sixiesme reprend les vices de la femme.
La septiesme a pitié des doctes malheureux.
La huictiesme annoblit les esprits généreux.
La neufviesme s'adresse aux amours exécrables.
La dixiesme dépeint les vœux déraisonnables.
L'onziesme est un discours de la frugalité.
La douziesme descrit un naufrage évité.
La treziesme soustient que la fraude est vulgaire.
La quatorziesme enseigne aux parens à bien faire.
La quinziesme s'attaque aux bigots turbulens.
La dernière se plaint des soldats insolens.

8 août 1884.

XXIX

LOUIS DE SANLECQUE

1649-1714

LOUIS DE SANLECQUE

Louis de Sanlecque était fils de Jacques de Sanlecque, un des plus habiles graveurs en caractères d'imprimerie. Il naquit à Paris en 1649[1]. Il entra fort jeune
dans la congrégation des chanoines de Sainte-Geneviève,
de l'ordre de saint Augustin, et ses supérieurs, témoins
de ses progrès en littérature, le chargèrent d'enseigner
les humanités en leur collège de Nanterre. Sanlecque
se distingua aussitôt par sa facilité à faire des vers latins
et français. A peine âgé de vingt ans, il composa, sur
la mort du P. Lallemant, prieur de Sainte-Geneviève

---

1. Tous les biographes ont daté la naissance de Sanlecque de
l'année 1652. Mais son acte d'inhumation du 14 juillet 1714 dit qu'il
était alors âgé de 65 ans : un Avertissement placé en tête de son
poème sur la mort du P. Lallemant rapporte qu'il composa cette œuvre
en 1670, alors âgé de 20 ans. Nous croyons donc ne pas nous
tromper en assignant l'année 1649 comme la véritable date de sa
naissance.

et chancelier de l'Université, un poème latin qui mérita les suffrages des hommes les plus érudits de l'époque.

Mais c'est surtout ses poésies françaises que nous devons étudier, et elles ne démentirent pas les espérances qu'avait fait naître le jeune professeur. Malheureusement il ne nous en est parvenu qu'un très petit nombre : Sanlecque ne voulut jamais faire imprimer ses œuvres ; ce fut à son insu que quelques-unes parurent en Hollande, défigurées selon la destinée ordinaire des copies faites de mémoire. Après sa mort, on mit en ordre ce qu'on put retrouver chez des amis ou des connaissances, et, en 1726, on publia à Harlem, chez Ch. van den Dael, *Les Poésies héroïques, morales et satyriques de Louis de Sanlecque* [1].

Avant d'entrer dans l'examen de ces poésies, nous devons dire quelques mots de la vie de Sanlecque et faire voir les raisons qui nous l'ont fait comprendre parmi nos poètes beaucerons.

En 1677, lors de la querelle du duc de Nevers (Philippe-Julien Mancini-Mazarini) contre Boileau et Racine au sujet de la *Phèdre* de Pradon, Sanlecque prit parti pour ce seigneur et fit paraître contre Boileau un sonnet

1. Une grande partie des Satires de Sanlecque furent réimprimées à la suite du livre de Losme de Monchenay : *Bolœana ou Bons mots de M. Boileau.* Amsterdam, Lhonoré, 1742, in-8.

des plus caustiques, qui commençait ainsi, faisant
allusion à un fait qui n'a jamais été bien prouvé :

> *Dans un coin de Paris, Boileau, tremblant et blême,*
> *Fut hier bien frotté, quoiqu'il n'en dise rien.*
> *Voilà ce qu'a produit son style peu chrétien :*
> *Disant du mal d'autrui, l'on s'en fait à soi-même.*

L'intervention de Sanleque dans cette querelle lui
assura pour toujours les bonnes grâces du duc de Nevers. Ce fut par la protection de ce seigneur, et aussi
par celle du P. Lachaise, le confesseur de Louis XIV,
qu'il obtint, en 1686, le prieuré-cure de Garnay, auprès
de Dreux, vacant par la mort de François de Guillon,
ancien titulaire de ce bénéfice. Notre poète ne nous a
pas, il est vrai, fait un portrait trop flatteur de son
prieuré. Si l'on en croit la tradition et une épître qu'il
adressa au P. Lachaise en 1690, rien n'était moins con-
fortable que son installation.

> *Permettez, mon Révérend Père,*
> *Qu'un malheureux prieur-curé*
> *Vous dépeigne icy sa misère,*
> *C'est-à-dire son prieuré.*
>
> *Dans mon église l'on patrouille*
> *Si l'on ne prend bien garde à soy,*
> *Et le crapaud et la grenouille*
> *Chantent tout l'office avec moy.*

Près de là, sont, dans des masures,
Cinq cents gueux couverts de haillons :
Point de dévote à confitures ;
Point de pénitente à bouillons.

Comme ils n'ont ni terre ni rente
Et qu'ils sont tous de pauvres gens,
(Dans un curé chose étonnante !)
Je suis triste aux enterremens.

La pauvreté de son logis et de sa paroisse lui tenait fort au cœur, car déjà, l'année précédente, dans une satire adressée à M. Bontems, gouverneur de Versailles, il en avait fait un portrait presque semblable.

La maison que j'habite est un taudis plein d'eau
Où l'air est empesté comme dans un tombeau.
Tout est dans mon désert ou marais ou montagne ;
Un seul chemin de fange est toute ma campagne.
Là le temps est si long et le brouillard si noir
Que je prends tous les jours le matin pour le soir.
Bon Dieu, quel Tivoly pour un enfant d'Horace !
Ne t'étonne donc pas si sur un tel Parnasse
Chaque mot que j'escris n'est plus assaisonné
Du sel qui manque aux vers de Bodinet l'aisné.
Autre part, j'imitais Despréaux et Molière,
Mais je ne puis icy ressembler qu'à Fanière.
Je ne suis pourtant pas tout à fait comme luy ;
Dans luy, c'est la nature, et dans moy, c'est l'ennuy.

Eh ! qui ne s'ennuyeroit d'une salle aquatique
Où vingt crapaux privez me donnent la musique !
Là j'entends les hiboux le jour comme la nuit :
Près de là cinq moulins me font un si grand bruit
Que je ne m'endors point qu'en lisant Charlemagne
Ou quelque vieux sermon pillé par La Montagne.
D'autre part, mon village est plein de gros manans,
Picardz en apparence, et dans le fond Normans.
L'un me vole un chappon qui m'est si nécessaire
Quand je veux que mon juge entende mon affaire ;
L'autre, en montrant mon seing qu'a contrefait l'huissier,
Quoique mon débiteur, paroist mon créancier.
Excepté le seigneur qui vit en galant homme,
Tout est fourbe à Garnay, mais fourbe autant qu'à Rome.
— Pour estre gay, dis-tu, vois souvent ce seigneur.
— Qui? moi? le voir souvent? Oh non! j'ai trop d'honneur.
On publieroit bientost que j'en veux à sa femme,
Quoique mil six cent vingt ayt veu naistre la dame.
La médisance icy nous rend si réguliers
Qu'on y voit circonspects jusqu'à des Cordeliers.

D'après cette peinture, on comprend que Sanlecque
ne souhaitait rien tant que quitter le pauvre village de
Garnay. Il crut un instant avoir réussi. En 1701, le
duc de Nevers le nomma à l'évêché de Bethléem, dont
le siège était à Clamecy : mais Sanlecque avait si souvent dans ses vers attaqué les faux directeurs et les
évêques mondains qu'on se servit de ce prétexte pour

obtenir du Roi qu'il s'opposât à l'enregistrement des bulles [1]. En vain notre poëte fit intervenir le P. Lachaise et M. de Pontchartrain ; en vain il adressa à Louis XIV placets et madrigaux : le monarque demeura inexorable, et force fut au pauvre prieur de rester dans son logis délabré. C'est là qu'il composa la plupart de ses poésies ; c'est là qu'il mourut le 12 juillet 1714, fort regretté de ses paroissiens, qui étaient plus maîtres que lui-même du revenu de sa cure.

Comme nous l'avons dit, on n'a conservé qu'un bien petit nombre des œuvres de Sanlecque ; mais dans le peu que nous connaissons, on peut signaler des vers heureux, de la légèreté, de la finesse, des saillies d'imagination et des traits de bonne plaisanterie, qui font regretter de ne pas en posséder davantage.

26 Janvier 1885.

1. Le duc de Nevers ne voulut pas cependant abandonner la cause de son protégé. Jusqu'à la mort de Sanlecque (1714), il refusa de nommer un autre titulaire à l'évêché de Bethléem, et notre poète se considérait un peu comme prélat, car, dans un portrait qu'on fit de lui, on le représenta en soutane violette.

XXX

GUÉRINEAU DE St-PÉRAVY

1735-1789

GUÉRINEAU DE SAINT-PÉRAVY

La famille Guérineau était originaire de Châteaudun.
Un de ses membres, Jean-Claude Guérineau, vint se
fixer à Janville, où il épousa Suzanne-Louise Champeaux. Il succéda à son beau-père, Nicolas Champeaux,
dans la charge de prévôt et lieutenant-général de Janville : dans l'acte de baptême de son fils, Jean-Nicolas-
Marcelin, le 12 octobre 1735, il s'intitule « écuyer,
conseiller du Roy et de S. A. S. le duc d'Orléans,
prévost, lieutenant-général civil et criminel au bailliage
et siège royal de Yenville et des cinq baronnies du
Perche-Gouet et ville de Bonneval. »

Jean-Nicolas-Marcelin était donc d'une excel-
lente famille bourgeoise, ennoblie par la charge de
secrétaire du Roi. Il fit ses études à Chartres, puis vint
à Paris pour se préparer à la carrière du barreau, mais
sa paresse naturelle l'empêcha de réussir. Il chercha

alors dans la littérature un moyen de parvenir. Ses premiers écrits roulèrent sur la politique et l'agriculture :
en 1763, il publia *l'Optique ou le Chinois à Memphis,*
conte qui parut assez spirituel pour qu'on l'attribuât à
Voltaire ; en 1764, il fit paraître un *Traité de la culture
de différentes fleurs.* En même temps, il s'adonnait à la
poésie et composait de petites pièces fugitives, qui
étaient très recherchées du public : nous citerons entre
autres *l'Idylle de Philène et Laure, les Stances sur une
infidélité, la Romance de Lucrèce, l'Epitre sur la Consomption* [1].

La nature l'avait heureusement doué ; son indolence
s'opposa à ses succès. Il ne fut qu'un versificateur facile,
tandis qu'il aurait pu produire des œuvres d'un mérite
sérieux ; mais, comme il le disait lui-même :

> *Que m'importent à moi ces chefs-d'œuvre si beaux*
> *Produits dans les accès d'une céleste ivresse ?*
> *Valent-ils les douceurs d'un indolent repos*
> *Et les rêves de ma paresse ?*

1. On lit dans les *Mémoires Secrets*, sous la date du 18 avril 1764 :
« M. de Semperavi vient de répandre une *Epitre sur la Consomption*,
« où il y a de beaux vers, et un sombre qui contraste singulièrement
« avec la gaîté forcée de tous nos poètes modernes, qui se chatouillent
« pour se faire rire. L'auteur y a joint des *Stances sur une infidélité* :
« c'est la même manière noire, qui ne sera pas goûtée de tout le
« monde. »

Il avait quitté son nom de Guérineau, et, comme c'était la coutume à cette époque, il avait pris un nom de terre pour se distinguer des autres membres de sa famille. De même qu'à Châteaudun les Guérineau se partageaient en Guérineau de Boisvillette et Guérineau des Chenardières, à Janville on trouvait les Guérineau de Saint-Péravy et les Gérineau de Guillerval. C'est sous le nom de Saint-Péravy que notre poète est plus généralement connu.

Saint-Péravy était encore à Janville le 18 janvier 1778; il était alors parrain d'un fils de messire Jean-François Poulet, seigneur de Lisle, et de dame Jeanne-Angélique Guérineau de Guillerval, une de ses sœurs[1]. Quelques mois plus tard, une affaire d'honneur le forçait à quitter la France pour n'y plus rentrer.

Il se retira à Liège, où le prince évêque Velbrack le gratifia d'une pension de 200 livres, avec le brevet de membre orateur de la Société d'émulation qu'il venait de créer. Ce fut en cette qualité que Saint-Péravy prononça, le 2 juin 1779, le *discours* d'ouverture, qui fut

---

1. Une autre sœur de Saint-Péravy, Suzanne-Victoire-Hyacinthe Guérineau, épousa Claude-César-Vincent-Pierre Lair, notaire à Janville, et eut de ce mariage Jean-Louis-César Lair, peintre d'histoire assez renommé, né à Janville le 25 août 1781, mort à Paris le 28 mai 1828.

imprimé. Il avait travaillé en France au *Journal de l'Agriculture et du Commerce;* il fonda à Liège un journal qu'il intitula *Le Poète voyageur et impartial ou Journal en vers accompagné de notes en prose :* cette publication eut peu de succès et cessa bientôt de paraître faute d'abonnés. Saint-Péravy ne réussit pas mieux dans ses essais pour le théâtre : il fit jouer sur le théâtre de Liège une comédie intitulée *Les deux Femmes,* mais il fut forcé de la retirer dès les premières représentations.

Il continua à végéter dans la ville où il avait fixé sa résidence, toujours rimant, mais trouvant à peine de quoi subvenir à ses besoins. Il n'avait pour vivre que la modique pension qu'il recevait de l'évêque de Liège, et, après avoir vécu plusieurs années dans l'indigence, il mourut à Liège en 1789.

18 avril 1885.

XXXI

CLAUDE NICOLE

1616-1686

CLAUDE NICOLE

La famille Nicole tenait, dès le XVe siècle, un rang distingué parmi la bourgeoisie chartraine. Jean Nicole figure au nombre des notables de la ville de Chartres, le 13 juin 1452. Un autre Jean Nicole, avocat au bailliage, comparut comme député du tiers-état, le 19 octobre 1508, au procès-verbal de la rédaction de la Coutume de Chartres. Au XVIe siècle, plusieurs membres de cette famille remplirent les charges d'échevin, de procureur des habitants, d'avocat de la ville, de conseiller au bailliage, etc. L'un d'eux, avocat de la ville, fut exempté, en mai 1558, de la cotisation des gens de guerre, attendu les preuves et vérification de sa noblesse. Pendant tout le XVIIe siècle, les Nicole fournirent des chefs au bailliage, à l'élection et au corps de ville.

C'est à l'une des branches de cette famille qu'appartenait Claude Nicole, surnommé de Bainville, du nom d'une petite terre qu'il possédait aux environs de Chartres [1]. Il naquit à Chartres, en la paroisse de Sainte-Foi, le 9 octobre 1616, et mourut dans la même ville le 22 novembre 1686. Il avait épousé Jeanne Broutard, et exerça les fonctions d'avocat au Parlement, conseiller du Roi, président en l'élection de Chartres. C'est sous le nom de *président Nicole* qu'il est généralement connu.

En littérature, le président Nicole affectionnait le genre érotique. Il avait d'abord tenté de se livrer à la poésie dramatique, et, en 1656, il publia, chez Ch. de Sercy, *le Phantosme, comédie en cinq actes et en vers*, dédiée à Mme de Bonnelle. Mais le peu de succès qu'obtint cette pièce le dégoûta du théâtre. Ne se sentant peut-être pas le génie nécessaire pour créer des œuvres originales, il se voua à la traduction des poèmes érotiques de Rome et de l'Italie. C'est ainsi qu'il fit successivement paraître : *Les Satyres de Perse, traduites en vers françois*. Paris, de Sercy, 1658, in-12 ; — *Adonis, poème héroïque, traduit en vers françois du cavalier Manin*. Paris, de Sercy, 1662, in-12 ; — *L'Art d'aimer d'Ovide, traduit en vers françois*. Paris, de Sercy, 1664,

---

1. Un cousin-germain de Claude, Jean Nicole, né à Chartres le 4 octobre 1600, mort le 24 juillet 1678, avait composé bon nombre de poésies légères, que son fils, le célèbre Pierre Nicole, fit disparaître avec le plus grand soin.

in-12 ; — *Pensées amoureuses de Catulle, Lucrèce, Pétrone et autres.* Paris, de Sercy, 1666, in-12. Il faut joindre à ces œuvres, qui furent imprimées séparément, des traductions des *Elégies amoureuses d'Ovide,* des *Odes d'Horace* et *d'Anacréon,* de quelques *Satires de Juvénal,* de plusieurs *Epigrammes de Martial,* du poème de *Proserpine de Claudien,* du 4ᵉ livre de *l'Enéide,* etc.

On voit que le bagage littéraire de Claude Nicole est assez considérable. La qualité répond-elle à la quantité ? Nous sommes bien forcé de dire non. Le président Nicole a parfois d'heureuses inspirations, mais à côté d'un vers bien frappé, la rime amène une trivialité désespérante ; le poëte ne se donne pas la peine de chercher le mot propre, il préfère se servir de la première cheville qu'il rencontre sous sa plume. Voici un des meilleurs passages de son poëme sur *les Amours d'Adonis* : il veut décrire une tempête soulevée par Neptune :

> *Le terrible Aquilon, de sa trompe guerrière,*
> *Soulève la tempête et l'appelle au combat.*
> *Iris courbe son arc, et, menaçante et fière,*
> *Perce l'obscurité de son bigearre éclat.*
> *Le chasseur Orion, cette estoile funeste,*
> *Qui n'annonce aux mortels que le meurtre et la peste,*

D'un coutelas sanglant illumine les airs,
Et ce fameux auteur des plus cruels naufrages
Par cent mille canaux fait crever les nuages,
Mille torrens de gresle et mille ardens éclairs.

La mer n'a plus de digue et n'a plus de rivages,
Et son sein, plus enflé qu'il ne le fut jamais,
Jusque dans les forêts va porter ses ravages
Et fait des flots pointus mille aboyans sommets.
Les oiseaux effrayés, que le péril assiège,
Pour apprendre à nager quittent leur privilège.
Les cieux sont tout de glace, et les flots sont brulez.
Les élémens mutins n'ont plus de paix ensemble;
Ils sont tous révoltez, et la Nature tremble
De les voir l'un dans l'autre et confus et meslez.

Il est d'ailleurs assez difficile d'extraire quelque chose
de ses traductions : la licence de l'expression ne se fait
pas pardonner par la richesse du style ; le président se
traîne dans les lieux communs ; il sait rimer, et c'est
tout. Voici par exemple comment il traduit une des
plus gracieuses élégies de Properce :

Que de bonheur me suit ! que les Destins propices
Font goûter à mes sens de charmantes délices !
O belle et chère Nuit, et toi, Lit bienheureux,
Consacré par l'Amour au succès de mes vœux !

Que vous m'avez fait voir, dans mes dernières veilles
De surprenants attraits et de rares merveilles,
Quand la lampe allumée assouvissoit mes yeux
De mille beaux objets qui tenteroient les dieux!
Que de libres discours, que d'agréables choses,
En voyant tant de lys, en voyant tant de roses!

Cependant il est bien supérieur à Denis Challine, dont nous avons déjà parlé. Il a traduit comme celui-ci la 4e satire de Juvénal, et il nous semble curieux de comparer comment les deux poètes ont rendu le même passage. Certes les vers de Claude Nicole ne sont pas irréprochables, mais ils sont au moins plus intelligibles que ceux de Challine :

Lorsque des Flaviens le dernier et le pire
Déchiroit l'Univers et désoloit l'Empire,
Et que Rome aux abois voyoit avec horreur
Sur un trône de sang ce cruel empereur,
Un turbot, échappé du golfe Adriatique,
Grand et digne surtout d'un régal magnifique,
Sur le hâvre d'Anconne, dedans ces jours passez,
Dans des filets tendus vit les siens avancez.
Jamais un tel turbot, aux Marets Méotides,
Quand l'astre des chaleurs fond leurs glaces solides,
N'avoit rempli l'espoir d'un pescheur indigent.

Lorsque l'âge fut venu calmer l'esprit un peu trop

léger du président, il essaya de sanctifier sa plume en
l'exerçant sur des sujets de piété. C'est ce qu'il dit lui-
même en s'adressant *au Lecteur* dans la préface placée
en tête de ses *Poésies chrétiennes*. « Après t'avoir donné
« autrefois des traductions un peu trop libres et trop en-
« jouées, je me suis senti obligé d'en faire la rétractation,
« et en même temps d'essayer par quelques ouvrages
« de piété d'effacer le souvenir de mes vers libertins
« dont j'ay souillé la blancheur de tant de papier inno-
« cent. »

Dans ce nouveau genre, Claude Nicole fit paraître,
en 1676, des *Poésies chrétiennes, contenant une paraphrase
des sept psaumes pénitentiaux*, puis, en 1679, des *Prières
chrétiennes, paraphrasées en vers françois*, dédiées à
Mme de Maintenon (Chartres, Massot, in-12). Dans une
pièce qui fait partie de ses *Poésies chrétiennes* et qu'il a
intitulé *Retraite chrétienne*, il explique comment il a aban-
donné ses erreurs de jeunesse.

> *C'est un ordre du Ciel qu'il faut que j'exécute ;*
> *C'en est fait, il faut obéir ;*
> *Il faut éviter et haïr*
> *Ce qui seroit un jour et ma perte et ma chute.*
> *Je sors de mes erreurs ; mes yeux sont éclairez,*
> *Ma raison recouvrée, et mes vœux épuisez*

Ne sont plus abusez d'une vaine imposture.
L'aveugle que j'étois, je revoy la clarté,
Et mon cœur qui ressent une ardeur sainte et pure
Va brûler pour un Dieu d'éternelle beauté.

    Estre tout bon, tout adorable,
Seigneur, à qui je dois la naissance et le jour,
Avec quel sentiment de tendresse et d'amour
Te peut bien reconnoistre un pécheur si coupable.
Contemple son remords, Seigneur, et désormais,
Faisant agir ta Grâce et ses puissans effets,
Efface pour jamais mes funestes offenses :
Ne te ressouviens pas si j'ay déliberé,
    Lorsque mes lâches complaisances
M'ont fait douter d'un port que tu m'as assuré.

Au reste, Claude Nicole, malgré l'appui que lui prê-
taient les poésies sacrées, retombe sans cesse dans la
trivialité que nous lui avons reprochée. C'est en vain
qu'il essaye de rendre les beautés des Psaumes de David:
il atteint à l'enflure, mais non à la grandeur ; il craint
d'être simple, et il devient trivial. Une de ses meilleures
paraphrases est celle qu'il a faites du *Pater noster* :

Notre Père commun, qui règnes dans les cieux,
Que ton nom soit rempli de gloire et de louanges ;
Fay-nous part, quand la mort nous fermera les yeux,
De cet heureux séjour où t'adorent les Anges.

Que dans tout l'univers ta sainte volonté,
Comme dedans le Ciel, pleinement s'accomplisse,
Et donne à nos besoins, par grâce et par bonté,
Le pain de tes Elus, salutaire et propice.

Comme nous pardonnons à tous nos ennemis,
Pardonne-nous, Seigneur, nos ingrates offenses,
Et fay que notre cœur ne soit jamais soumis
Aux charmes malheureux de nos concupiscences.

Contre les accidens qui tombent tous les jours
Sur la race mortelle, insolente et coupable,
Donne-nous ton appuy, donne-nous ton secours,
Et nous fay voir au ciel ta présence adorable.

15 avril 1886.

XXXII

JEAN BOISSIN

XVIᵉ siècle

JEAN BOISSIN

Nous ne connaissons rien de la vie de cet auteur : c'est lui-même qui, dans le titre de son livre, nous apprend qu'il était de Gallardon. Il alla, nous ne savons pour quelle cause, s'établir dans le Vivarais, et c'est là qu'il paraît avoir composé ses poésies. Il dédia *le Martyre de saint Vincent* au chapitre de Saint-Vincent de Viviers, et *le Martyre de sainte Catherine* à messire François le Lièvre, abbé et seigneur de Cruas.

Bien qu'ignorant complètement sa biographie, nous avons cru devoir en parler dans notre revue des poètes beaucerons ; car ses œuvres nous paraissent remarquables à plus d'un titre. Elles marquent le passage des anciens Mystères à la Tragédie véritable. Les scènes ne sont pas encore indiquées ; les entrées et sorties des personnages se confondent dans le même acte : mais déjà les trois unités sont observées ; les vers, sauf quel-

hiatus, sont généralement harmonieux, et, si l'on fait la part de certaines expressions complétement démodées de nos jours, on peut encore lire sans trop de fatigue les tragédies de Jean Boissin.

Nous croyons devoir en citer quelques passages, l'ouvrage de notre poéte ne se rencontrant que rarement dans les bibliothèques. Dans la première piéce de Boissin, intitulée *la Perséenne,* voici comment le maître d'hôtel de Céphée, roi d'Éthiopie, fait la description du repas commandé pour les noces de Persée et d'Andromède :

A l'entrée de table, il nous faut premier mettre
Le potage et bouilly, sausses et entremets ;
Et puis nous servirons après les autres mets,
Comme la venaison, la perdrix, la bécasse,
Et tout ce que l'on a recouvert à la chasse ;
Puis, pour combler enfin ce banquet nompareil,
Nous ferons le dessert d'un fort bel appareil
Des fruits qui sont venus de la belle Pomone.
Allez au sommelier luy dire qu'il ordonne
La cervoise adoucie et le suc délicat
De ce dieu potelé, et surtout du muscat
Au possible excellent ; car si l'on veut complaire
A tous les conviez, il faut leur faire boire
La plus rare liqueur du fils de Sémélé.

Au second acte des *Urnes vivantes,* le berger Phélidon fait ainsi le portrait de Polibelle, sa bien-aimée :

> *Oh ! que je suis ravy,*
> *Voyant tant de beautez brillonner à l'envy !*
> *O liens doucereux, ô blonde chevelure,*
> *Tortillons qui passez ce que produit nature,*
> *Seuls vous m'extasiez, et je puis asseurer*
> *Que vos perfections on ne peut mesurer.*
> *Ce beau front relevé, cette joüe vermeille,*
> *Cette bouche riante, où la mielleuse abeille*
> *Trouveroit plus de suc, son nectar ramageant,*
> *Que sur la belle flore en son habit changeant.*
> *Polibelle, c'est toy, beau soleil agréable,*
> *Astre net et parfait de chacun souhaitable.*
> *Ce poil frisotonné, ce visage riant,*
> *Cet œil d'esmérillon de son feu attrayant,*
> *Sont les inventions que la mère nature*
> *Nous avoit recélez en son architecture.*

Dans la même pièce, au troisième acte, nous trouvons cette description de la vie champêtre :

> *Vive la liberté ! arrière le servage !*
> *Vive d'estre content en son petit village !*
> *Vive un gay pastour au vivant champestrement,*
> *Qui n'a point de soucy d'un civil ornement !*

Les riches citadins avec leur grand'richesse
N'ont pas tant de plaisir, de joye et d'alégresse
Que le campin berger. Le musc et les odeurs
Dans les louvres dorez sont avec les grandeurs ;
Et nous autres avons la lavande odorante,
Le romarin, le thin, et l'œillet et la mente,
Qui ornent noz pastis, beaucoup plus à priser
Que tant d'inventions servans à déguiser.

Enfin, nous citerons, dans *le Martyre de sainte Catherine,* une partie du discours fait par la sainte pour répondre aux blasphèmes des orateurs de l'empereur Maxence :

C'est celui, orateur, qui est ton Créateur,
Et de tout l'univers mesme le Rédempteur,
Non de toy, mais aussi de tout l'humain lignage
Lequel il a osté de l'infernal servage.
Nostre esprit ne peut pas le comprendre dans soy,
Et ne le pouvons voir que des yeux de la foy ;
Car il est infini, et en tout ineffable,
Puissant, doux et benin, immortel, inscrutable.
La Sibille l'a dit d'un esprit prophétic ;
Voilà son vrai discours, qui est bien authentic :
« Un, à la fin, viendra sur la terre poudreuse,
« Lequel se fera chair sans cheute périlleuse. »
Remarque ce mot d'un, d'emphase tout orné
Et qui rend le discours de noblesse borné.

« *Souverain médecin, par son expérience,*
« *Il guérira les maux qu'incurables on pense.*
« *Le peuple non croyant en haine le prendra,*
« *Et comme un malfacteur en la croix le pendra.*
« *Les gesnes, les tourmens qu'à tort on luy doit faire*
« *Le rendront, comme humain, à la mort tributaire ;*
« *Mais il supportera le tout patiemment.* »
La Sibille n'a peu parler plus clairement.

Boissin devait vivre vers le milieu du xvie siècle. Une première édition de ses œuvres parut à Lyon, en 1598, sous ce titre : *Les œuvres de Jean Boissin, de Gallardon, contenant : la Perséenne ou la Délivrance d'Andromède et les malheurs de Phinée, tragédie en cinq actes et en vers ; la Fatalité de Méléagre et le désespoir d'Althée sa mère, ou la Conqueste du sanglier de Calidon, tragédie en cinq actes en vers ; les Urnes vivantes ou les Amours de Phélidon et Polibelle, tragi-pastorale en quatre actes ; le Martyre de saint Vincent, tragédie ; le Martyre de sainte Catherine, tragédie.* Après la mort de l'auteur, une nouvelle édition, semblable à la première, fut publiée à Lyon, chez Simon Rigaud, 1618, in-12, sous ce titre : *Les Tragédies et histoires sainctes de Jean Boissin, de Gallardon.*

Les pièces de Boissin furent certainement représentées, car, dans un exemplaire de ses œuvres qui est aujourd'hui à la Bibliothèque de Châteaudun, le nom des acteurs est mentionné à côté de celui des personnages.

Comme au temps des anciens Mystères, on avait encore l'habitude, lorsqu'on jouait ces tragédies, de les faire suivre d'une farce, sottie ou moralité. Nous en avons la preuve dans la pastorale des *Urnes vivantes*. A la fin de la pièce, lorsque les acteurs se retirent pour inhumer les deux amants, l'un d'eux s'adresse aux spectateurs et leur dit :

> *Messieurs, ce dur convoy pour un peu nous retire,*
> *Mais c'est pour apprester une farce pour rire.*

3 Septembre 1886.

Les divers genres de littérature, depuis le roman de geste du XII⁵ siècle jusqu'au vaudeville et à la chanson du XVIII⁵, ont leurs représentants dans les diverses biographies que nous avons rapidement esquissées. Nous venons de voir, avec Jean Boissin, le passage du Mys-

tère à la Tragédie moderne ; nous aurions voulu trouver
un nom chartrain auquel nous eussions pu rattacher
un de ces Mystères, si nombreux aux xive et xve siècles.
Malheureusement, ces pièces populaires ne sont jamais
signées, et l'on est le plus souvent réduit à des conjec-
tures sur le nom de ceux qui les ont écrites. Il en est
une que l'on a généralement attribuée à un auteur beau-
ceron. Nous ne savons trop quel fondement sérieux a
cette attribution ; néanmoins, pour ne pas laisser complétement dans l'oubli ces sortes de poèmes dont la
représentation durait plusieurs jours, nous dirons quelques mots du *Mystère de saint Martin*, composé, si
l'on en croit la tradition, au commencement du xve siècle, par un poète chartrain.

Ce poème fut imprimé à Paris, chez la veuve Jehan
Bonfons, sous ce titre : *Le Mystère de la Vie et Hystoire
de Monseigneur sainct Martin, lequel fut archevesque de
Tours, contenant comment il fut converty à la foy chres-
tienne, puis convertit ceux de Millan et plusieurs autres.
Aussy y sont plusieurs beaux myracles faicts par son in-
tercession, qui seroient longs à raconter. Finablement
comment il mourut sainctement. Et est ce présent mystère
à cinquante troys personnages, dont les noms s'ensuyvent
cy-après.* Et en effet, comme dans l'impression de nos
pièces modernes, le livre s'ouvre par la liste des per-

sonnages. Puis vient une exposition de la pièce, que
nous allons transcrire parce qu'elle nous donnera à la
fois une idée complète du Mystère et un spécimen du
style de l'auteur.

In memoria æterna erit justus,
C'est-à-dire en gloire céleste
En laquelle remait le maistre
Qui tousjours sans fin resnera,
Per secula seculorum, amen.

Pour mieulx vous monstrer la matière
De sainct Martin, et la manière
Comment en ce monde resna,
Présent, on vous monstrera
Par ditz, par motz, par personnaiges.
Or y entendez comme saiges :
Les personnaiges veulz démonstrer
Comment vous les verrez jouer.

Premier, voillà en hault assis
Jésu-Christ en son paradis,
Et la doulce vierge Marie,
Les Anges en sa compaignie,
Sainct Pierre et saincte Cécille,
Saincte Agnès qui est bien habille.

Et voici le roy de Hongrie,
Chevaliers en sa compaignie.
Son fils Martin est près de luy,
Et le Prince à costé de luy.

Cestuy qui est en cest arroy
Si est le messager du roy.

   Voyez-cy l'prestre en sa chappelle
Qui luy semble bonne et belle.

   Icy est la maison du prince
Qui est seigneur de la province.
Ses chevaliers sont là-dedans
Et grant partie de ses gens.

   Là est le conte de Millan,
Sa femme ò luy sans enhan,
La sœur sainct Martin, la contesse.
Voyez son filz de grant noblesse,
Leurs chevaliers et leurs héraulx.

   Et voyez en cest eschauffaulx
Le capitaine dudit conte :
Ses chevaliers sont bien du compte.

   Voyez l'hermite en ce boys-là,
Qui sainct Martin batisera.

   Et voicy là le pauvre nud
Qui par Martin s'ra revestu.

   Voicy Marmoutier et l'abbé,
Et son secrétaire en arroy.

   Voicy l'homme qui se pendra
Et sa femme qu'il occira.

   Voicy ceulx qui seront d'acord
De quoi l'un fera le mort.

Voicy Tours en cest estre icy.
L'archevesque y est aussi :
L'archediacre, sans faillir,
Est avec luy pour le servir.

Cy est l'taillandier et sa fille,
Et sa femme sans nulle guise,

Et aussi voicy par deçà
Cil qui le vestement aura,
Qui luy sera bien trop petit.

Cestuy qui a cest autre habit
Est un mesel, trestout pourry,
Qui de Martin sera guary.

Le pape est là, dedans cest estre,
Qui est de l'Eglise le maistre.
Son messager est devant luy,
Qui fait les messages pour luy.

Icy aussi est sainct Ambroyse,
Et son clerc que vous pouvez veoir.

Voicy le clop et puis l'aveugle :
Guaris seront, veuillent ou non veuillent.

Diables sont en enfer là-bas,
Lucifer et ses Sathanas.

A la fin de cette sorte d'introduction, le poète s'adresse au public et lui demande son indulgence, comme le font aujourd'hui nos auteurs de vaudevilles dans leur couplet final.

Je vous supply tous humblement
Que vous teniez tout coyement,
Chascun en droit soy en sa place :
Que Jésu-Christ vous doint sa grâce!
Que si aucune faulte oyez
Je vous pry que le pardonnez,
Car je croy que chascun fera
En droit soy du mieulx qu'il pourra.
Et nous faictes paix et silence.

Nous ne voulons pas, ce qui serait trop long, entrer dans l'analyse détaillée de ce Mystère : cependant, pour donner une idée de la manière dont l'auteur développait son sujet, nous citerons la scène où il s'est emparé de la légende du Diable écrivant sur des tablettes les propos de deux femmes qui causent pendant l'office.

SATHAN.

Or escrire me fault entendre
Les parolles de ces femmes
Affin que je aye leurs âmes ;
Voluntiers parlent à l'église
Tant comme l'on dict le service.
En ce roolle ne faudray mie
A escrire toute leur vie,
Tant comme il pourra durer.

Lors, s'en va après elles à l'église derrière un pilier, et escript toutes leurs paroles.

BLONDINE.

Nous sommes cy en bel moustier ;
La messe est desjà commencée.

POLYE.

Vois-tu point annuict la Cessée,
Dy, Blondine, ny Alisson ?

BLONDINE.

Alisson s'en est vite allée
Grant pièce a que je ne la vy.

POLYE.

Elle est allée voir son amy,
Le Jolivet de la Barelle.

BLONDINE.

Le dyable soit de la maquerelle !
Frontine luy est venue le dire.

Elles parlent toujours.

SATHAN.

Je ne puis plus icy escrire ;
Mon roolle est tout plein de langage :
Je l'allongeray comme sage.

Lors, il tire son parchemin avec les dents tant que il se rompt, et se frappe la teste contre la paroy.

SAINCT BRICE, riant.

Ha, ha, ha, ha, ha, ha, ha, ha !

SAINCT MARTIN.

Et comment, sot gouvernement,
Damp truant gars, est-ce la guise,
A la messe et au service,
De rire, et de toy galler
Aussi haultement au moustier ?
Je t'en puniray sans arrest.

SAINCT BRICE.

Hélas ! Monseigneur, s'il vous plaist,
Oyez mon excusation.....
Par mon serment, vray vous diray.
Deux femmes au moustier estoient,
Mauvaises paroles parloient,
Et un dyable les escoutoit,
Tout ce qu'elles disoient escrivoit.
Quand plein fut son roolle, l'a tiré
O les dents, et contre un pillier
Se frappa fort, mon très cher sire.
Adonc je me prins à rire.
Voilà la cause proprement.

SAINCT MARTIN.

Or regardez tous, bonnes gens,
Comme vous guette l'ennemy,
Quant en l'église est venu cy

Escripre ce que l'on parloit.
Haa ! bonnes gens, c'est mal faict
De parler ainsi à l'église
Quand on doit ouyr le service :
Sachez de vray qu'c'est damnement.

8 Janvier 1894.

XXXIII

DENIS COUDRAY

Vers 1590-1657

DENIS COUDRAY

Denis Coudray naquit vers 1590, à Condé-sur-
Huisne, au diocèse de Chartres. Il fit ses premières
études au collège de Nogent-le-Rotrou et se destina à
l'état ecclésiastique. Il professa quelque temps au collège
Pocquet à Chartres : son enseignement littéraire le dé-
signa à l'attention de l'évêque de Chartres, qui, le 5
décembre 1629, le nomma à la cure de Saint-Rémy
d'Auneau, à la place de Jacques Boullay, qui venait de
décéder.

Denis Coudray, fut un zélé pasteur : il consacra
tous ses revenus à l'embellissement de son église ; il éta-
blit à Auneau la confrérie du Saint-Rosaire ; il développa
la dévotion à saint Maur, déjà populaire au XVIIe siècle.
Mais, en même temps, il était ardent défenseur de ses
droits, et, comme beaucoup de ses confrères à cette
époque, il n'hésita pas à entrer en lutte contre les prê-

tres réguliers qui attentaient aux possessions des églises paroissiales. Nicolas Sevin, prieur de Saint-Nicolas d'Auneau, avait accaparé à son profit une partie des dîmes du territoire d'Auneau ; Coudray lui intenta un procès qui se termina au profit de la cure. Il en coûta 300 livres à notre curé, comme il nous l'apprend lui-même ; mais il se vengea en publiant le sonnet suivant, qui ne manque pas d'allure :

> Les moines nous ont asservis
> Et mangé nostre nourriture :
> Les prieurs clercz les ont suivis
> Et dévorent nostre pasture.
>
> Leurs chapellains ne sont meilleurs,
> Qui prennent nos questes et nos messes :
> Bref, chacun de ces piailleurs
> A grande outrance nous oppresse.
>
> Espérer d'avoir icy mieux,
> C'est folie pour ceste vie ;
> Car l'exemple de ces beaux dieux
>
> A nostre peuple oste l'envie
> De faire aucune oblation,
> Sinon en grande affliction.

Coudray n'a jamais fait d'œuvre de longue haleine ;

mais il composa des poésies pieuses dont plusieurs nous ont été conservées. Voici une traduction de quelques versets du psaume 142 : *Domine, exaudi orationem meam.*

Seigneur, entends ma voix, exauce ma prière :
Mon cœur froissé d'ennuis invoque ton saint nom.
Hélas ! preste l'oreille à l'instance ordinaire
*   De mon humble oraison.*

Octroie à mes soupirs cette grâce propice
Que tu promets aux tiens en ta saincte faveur :
En ta vérité sainte, exauce en ta justice
*   Les souhaits de mon cœur.*

Ne refuse à mes pleurs une doulce indulgence,
Et, loin du tribunal d'un rude inquisiteur,
Ne veuille point user d'une exacte balance
*   Avec ton serviteur.*

Si ta sévérité nous exclud de la grâce
D'où le pécheur espère estre gratifié,
O mon Dieu, nul vivant ne peut devant ta face
*   Estre justifié.*

D'un ennemy fascheux mon âme est oppressée ;
Cruel, il me poursuit, il me chasse, il me bat,
Et sur le triste champ ma vie rabaissée
*   Succombe en ce combat.*

Père, Fils, Saint-Esprit, unique et simple essence,
Nostre Dieu soit béni maintenant et toujours,
Comme il fut autresfois quand le tout prit naissance.
Puisse de siècle en siècle estre sa divine essence
De perdurable cours.

Il fit aussi, en l'honneur de ses paroissiens, un certain nombre d'épitaphes en vers latins et français ; ce
ne sont assurément pas des chefs-d'œuvre, et nous les
mettrions volontiers au rang des complaintes populaires. Nous n'en rapporterons qu'une :

Ici gist dedans un tombeau
La perle des femmes d'Aulneau.
Julliane Lefeuvre la belle [1],
Vivant de Jésus vraye ancelle,
En l'an mil six cens trente et sept,
Aagée de quarante sept,
Rendit à Dieu sa belle âme
Et son corps chaste soubz cette lame.
Son curé en rend tesmoignage,
Homme bien dévôt et fort sage ;
Il se nomme Denis Couldray.
Tout le monde sçait qu'il est vray,

---

1. Julienne Lefebvre, veuve de Jean Huvé, receveur-général d'Auneau.

Car la vertu de cette dame
Eslevoit les cœurs et les âmes,
Et les esprits, aussi les yeux
De tous les hommes vers les cieux.
Les pauvres estoient ses bons amis :
Disons-luy un De profundis.

Outre ses poésies françaises, le curé d'Auneau a fait de nombreux vers latins. Suivant le goût de l'époque, il s'exerça dans les acrostiches et les anagrammes ; mais il ne réussit pas plus dans ce genre léger que dans les épitaphes dont nous avons cité un exemple.

Denis Coudray mourut dans son presbytère à Auneau, et fut inhumé dans le chœur de l'église de Saint-Rémy, le 22 janvier 1657.

6 novembre 1886.

XXXIV

G. DUDOYER des GASTELS

1732-1798

GÉRARD DUDOYER DES GASTELS

La famille Dudoyer était propriétaire de la seigneurie et du château de Vauventriers, dans la paroisse de
Champhol près Chartres : c'est là que naquit Gérard Dudoyer, le 29 avril 1732, du mariage de Henri-François
Dudoyer, écuyer, seigneur de Vauventriers et de
Champhol en partie, conseiller du Roi, auditeur ordinaire en la Chambre des comptes de Paris, et de dame
Anne-Aimée-Catherine Taupinard de Tillières. Il prit
son surnom d'un petit fief, nommé les Gastels, que son
père possédait en la paroisse de Champhol. Il fit son
instruction chez les Pères de l'Oratoire à Paris, et,
comme il était un cadet de la famille, il fut d'abord
destiné à l'état ecclésiastique. Il se livrait en effet à
l'étude de la théologie, tout en ne négligeant pas les
relations mondaines, lorsqu'il s'éprit d'un amour passionné pour Mlle Doligny, actrice de la Comédie-Fran-

çaise, aussi renommée pour la grâce de son jeu que
pour la parfaite innocence de ses mœurs. L'amour fit
un poëte du futur abbé. Gérard Dudoyer avait vu Mlle
Doligny jouer le rôle de Lucinde dans l'*Oracle,* et il lui
adressa les vers suivants : [1]

> *Oui, c'est Lucinde que j'ai vue,*
> *C'est ainsi qu'elle eût soupiré ;*
> *Oui, c'est bien cette âme ingénue*
> *Qui s'épanouit par degré :*
> *Enfin, c'est la nature même.*
> *Dans toi c'est elle que l'on aime ;*
> *Tu dictes ses plus douces loix :*
> *Dans tes regards elle respire ;*
> *Sur ta bouche elle vient sourire ;*
> *Elle s'exprime par ta voix.*
> *Qu'elle soit toujours ton modèle ;*
> *Elle est la mère des succès.*
> *Pour reconnaître ses bienfaits,*
> *Sois toujours naïve comme elle.*

1. On lit à ce sujet dans les *Mémoires secrets:* « M. Dudoyer de
« Gastel vient de publier une *Epitre à la louange de Mlle Doligny,*
« jeune actrice de la Comédie française, distinguée par ses talents et
« la pureté de ses mœurs. Cette épitre, pleine de grâces et d'aménité,
« roule sur la sagesse et l'ingénuité de cette comédienne. Elle fait
« autant d'honneur au panégyriste qu'à l'héroïne. »

Sa beauté dédaigne le fard,
Suis l'exemple qu'elle te donne :
La simple fleur qui la couronne
Vaut tous les prestiges de l'art.
De mille fous l'essaim frivole
Viendra bientôt grossir ta cour :
Ah ! crains leur encens qui s'envole
Aussi vite que leur amour !

Dès lors, la vocation de Dudoyer fut complétement changée : de croyant il devint sceptique. Ses auteurs favoris étaient Bayle et les autres écrivains de l'Encyclopédie. Il étudia avec ardeur la chimie et les sciences, et finit par ne plus rien croire sans preuves mathématiques à l'appui. Au reste, il demeura toujours ce qu'il était au début, modeste et simple. « Il était naturelle-« ment poète et ne se doutait pas qu'il fût devenu « savant, » a dit de lui un de ses amis, P. Fr. Aubin, qui lui a consacré un article nécrologique dans le *Moniteur* du 9 floréal an VI.

Aussi Gérard Dudoyer ne se crut jamais assez d'esprit et de science pour traiter de matières sérieuses. Il écrivait avec la plus grande facilité et composait sur des sujets légers des pièces de vers qu'il communiquait à ses amis ; mais ce n'était que sur les sollicitations les plus pressantes, qu'il consentait à en laisser imprimer quelques-unes dans l'*Almanach des Muses*.

Il avait épousé Mlle Doligny[1], et il composa spéciale-ment pour elle une comédie en deux actes et en vers, *Adélaïde ou l'Antipathie par amour* (Paris, Duchesne, 1780, in-8°). Cette comédie eut un plein succès et mérita l'honneur d'un certain nombre de représenta-tions. Dudoyer ne connaissait point d'ennemis ; son caractère naïf et rempli d'indulgence, son amour cons-tant pour celle qu'il avait épousée lui avait attiré les sympathies générales, et ce fut là sans doute, avec le talent de Mlle Doligny, ce qui assura le succès de cette pièce qui, heureusement versifiée, ne présente d'ailleurs rien de particulièrement remarquable. « Bagatelle, dit La « Harpe, dont le fond, il est vrai, est très usé, mais qui « est écrite avec facilité, quelquefois avec goût, et dont

1. Cette union ne se fit pas sans difficulté : Mlle Doligny hésita longtemps avant de donner son consentement. Ce n'était pas au reste la première fois qu'elle était demandée en mariage par les plus grands seigneurs. On lit dans les *Mémoires Secrets*, à la date du 26 janvier 1766 : « Mlle Doligny continue à donner des exemples d'une sagesse « et d'une vertu rares. M. le marquis de Gouffier, éperduement « amoureux d'elle, lui a d'abord fait les offres les plus brillantes « qu'elle a refusées. Il a poussé la folie au point de la demander en « mariage et de lui envoyer le contrat prêt à signer. Elle lui a répondu « prudemment qu'elle s'estimait trop pour être sa maîtresse et trop « peu pour être sa femme. »

« quelques détails et le jeu des acteurs font à peu près
« le mérite. »

Avant la comédie d'*Adélaïde,* Dudoyer avait déjà
donné au théâtre *Laurette,* comédie en un acte, jouée
le 14 septembre 1768 [1], et *le Vindicatif,* drame en cinq
actes et en vers (Paris, 1774, in-8°).

Il mourut à Paris le 18 avril 1798.

4 juin 1887.

1. Cette comédie n'eut qu'une seule représentation : voici le jugement un peu sévère que porte sur elle l'auteur des *Mémoires secrets :*
« Cette pièce, dans laquelle il n'y a aucune intelligence du théâtre, a
« été fort mal reçue. Rien de plus gauche que la manière dont l'au-
« teur a transporté sur la scène le conte de Marmontel. Excepté
« quelques tirades de force et de sentiment dans la bouche du vieil-
« lard, excepté une sortie vigoureuse contre les filles, ce drame serait
« tombé sans le moindre applaudissement. Le style de l'auteur n'est
« pas non plus un style fait. On a trouvé son dialogue froid, triste,
« langoureux. Il aurait dû réserver pour ses tête-à-tête avec Mlle Doligny
« toutes ces petites scènes dolentes, si insipides pour les spectateurs,
« et s'appliquer à lui-même ce joli vers de la pièce,

« *L'amour-propre est causeur et l'amour est discret.* »

XXXV

GILLES DES ORMES

1380-1460 environ

GILLES DES ORMES

Voici un poète dont le nom est à peine connu et qu'on n'a jamais tenté d'identifier, et pourtant il nous semble digne de figurer aux premiers rangs dans notre revue des poètes beaucerons.

Gilles des Ormes (ou Gilles des Ourmes, suivant l'orthographe du temps) était fils de Guillaume des Ormes, écuyer, qui devint seigneur de Saint-Germain-le-Désiré par son mariage avec Clémence de Riotteau en 1375. C'est sans doute dans le château de Saint-Germain, situé près de Fresnay-l'Evêque, que Gilles reçut le jour vers l'année 1380. Nous avons, il faut l'avouer, bien peu de renseignements sur sa vie : nous savons qu'il épousa en premières noces Jeanne de Courcillon, fille de Guillaume de Courcillon, seigneur de Moléans, et en secondes noces Charlotte Davy,

fille de Jean Davy, seigneur de Jodainville [1]. Lorsque
Charles d'Orléans, revenu de sa captivité d'Angleterre,
eut établi sa Cour à Blois, Gilles des Ormes, qui avait
été l'un de ses correspondants pendant son exil, devint
son hôte assidu et fit partie de cette pléiade de poètes
que le duc d'Orléans avait rassemblés autour de lui.
Villon en était le chef, mais autour de lui se groupaient
chevaliers et manants, dont plusieurs appartenaient au
pays chartrain : nous citerons le grand-sénéchal de
Normandie, Pierre de Brézé, seigneur de Nogent-le-
Roi, Philippe de Boulainvilliers, Berthaut de Villebresme, Jean de Garancières et d'autres sans doute qui
nous sont inconnus.

Gilles des Ormes n'était pas le plus indigne de ces
poètes : dans les manuscrits qui contiennent les poésies
de Charles d'Orléans, on trouve de lui des rondeaux,
ballades, chansons, qui se rapprochent par leur finesse
des petits poëmes si charmants du prince d'Orléans.
Nous rappellerons entre autres une ballade sur ce thème

---

1. De son second mariage Gilles des Ormes eut deux enfants :
Gilles, qui lui succéda dans la seigneurie de Saint-Germain et dans
la faveur de la maison d'Orléans, et Catherine, qui fut mariée à Jean
de Balu, seigneur de Baudreville. La fille de ceux-ci, Louise de Balu,
épousa Etienne de Prunelé, seigneur de la Porte, auquel elle apporta
la seigneurie de Saint-Germain-le-Désiré, qui, jusqu'à nos jours, est
restée en la possession de la famille de Prunelé.

Je meurs de soif auprès de la fontaine. Le même sujet
avait été traité par Charles d'Orléans, Berthaut de Villebresme, Jehan et Simonnet Caillau ; la ballade de
Gilles des Ormes est peut-être la meilleure des cinq.

Je meurs de soif auprès de la fontaine,
Tremblant de froit au feu des amoureux :
Je suis joyeux s'aucun mal me demaine ;
Plaintz et souspirs sont mes riz et mes jeux.
Je n'ay santé sinon quand je me deulx ;
Beau temps me plaist, et désire la pluye ;
Qui bien me fait, je le tiens mon hayneux.
Or regardez, et jugiez s'il m'ennuye.

Je n'ay repos qu'en doleur et en peine ;
J'ayme travail, et si suis paresseux.
Ung mois ne m'est qu'à ung aultre sepmaine,
Et m'est advis que le jour dure deux.
Si j'ay nul bien, je m'en tien malheureux ;
Quant j'ayme aucun, force est que je le fuye ;
Qui m'est courtois, je lui suis rigoreux.
Or regardez, et jugiez s'il m'ennuye.

J'ay mille maux, et ma personne est saine ;
Plaisirs mondains me sont malencontreux ;
Quant je suis seul, lors ung chascun m'actaine ;
Rien n'est asseur si je n'en suis doubteux.

Gens bien en point me semblent tous souffreux ;
En plain midy j'ai la veue esbluye ;
Je n'ayme rien, et si suis convoiteux,
Or regardez, et jugiez s'il m'ennuye.

Sans mot sonner, je dy mon cas piteux ;
Je n'ay regret qu'en ce que je ne veulx.
Ce qui est doulx m'est plus amer que suye ;
Quant gens n'ont rien, je vueil mordre sur eulx.
Or regardez, et jugiez s'il m'ennuye.

Nous citerons encore le rondeau suivant :

En la forest de longue actente,
Mon povre cueur tant se garmente
D'en saillir par aucune voye,
Qu'il ne lui semble pas qu'il voye
Jamais la fin de son entente.
Déconfort le tient en sa tente,
Qui par telle façon le tente
Que j'ay paour qu'il ne le fourvoye.
En la forest de longue actente,
Mon povre cueur tant se garmente.

Espoir en riens ne le contente,
Comme il souloit ; pour quoy dolente
Sera ma vie où que je soye ;
Et si auray, au lieu de joye,
Dueil et soussy tousjours de rente.

En la forest de longue actente,
Mon povre cueur tant se garmente.

Outre les poètes de second ordre que nous avons
mentionnés comme faisant partie, avec Gilles des Ormes,
de la Cour de Blois, Pierre de Brézé, Philippe de Boulainvilliers, Berthaut de Villebresme, Jean de Garancières, nous pourrions presque réclamer comme nôtre
leur maître à tous, en poésie comme en chevalerie,
Charles d'Orléans, le comte de Dunois. Il céda, il est
vrai, ce comté en 1439 à Jean, bâtard de Dunois : mais,
par le nom de ceux que nous venons de citer, nous
voyons qu'il conserva toujours des relations avec ses
anciens vassaux. Ceux-ci ne l'oublièrent pas non plus :
en 1425, les Dunois donnèrent 200 écus d'or pour
« aider à payer la finance » de la rançon du malheureux
prisonnier [1]. A la vérité, cette offrande ne servit de
rien : les Anglais exigeaient la somme énorme de cent
vingt mille écus d'or. Charles d'Orléans resta donc en
captivité : il s'adressa de tous côtés, et envoya entre
autres à son cousin, Philippe le Bon, duc de Bourgogne, une ballade, où il disait :

---

1. Le duc d'Orléans avait été pris par les Anglais à la bataille d'A-
zincourt, en 1415.

Beau frère, je vous remercie,
Car aidié m'avez grandement ;
Et, oultre plus, vous certifie
Que j'ay mon fait entièrement.
Il ne me faut plus riens qu'argent,
Pour avancer tost mon passaige,
Et pour en avoir prestement,
Mectroye corps et âme en gaige.

Il n'a marchant en Lombardie,
S'il m'en prestoit présentement,
Que ne fusse, toute ma vie,
Du cueur à son commandement ;
Et, tant que l'eusse fait content,
Demourer vouldroye en servaige,
Sans espargner aucunement
Pour mectre corps et âme en gaige.

Car se je suis en ma patrie
Et oultre la mer franchement,
Dieu mercy, point ne me soussie
Que n'aye des biens largement ;
Et desserviray loyaument
A ceulx qui m'ont, de bon couraige,
Aidié, sans faillir nullement,
Pour mectre corps et âme en gaige.

Qui m'ostera de ce tourment,
Il m'achètera pleinement

A tousjours mès à héritaige :
Tout sien seray, sans changement,
Pour mectre corps et âme en gaige.

La ballade eut du succès ; le duc de Bourgogne
donna 30,000 écus, et l'on parvint à parfaire la somme
exigée par les vainqueurs d'Azincourt. Charles d'Orléans rentra en France en 1440, et ce fut alors que,
retiré dans son château de Blois, il appela auprès de lui
les beaux esprits du temps et organisa cette colonie
littéraire, dont nous avons dit que Gilles des Ormes
faisait partie.

Tout le monde connaît les poésies de Charles d'Or-
léans, le poète le plus délicat assurément du xve siècle.
Nous ne pouvons cependant résister au plaisir de rappeler quelques-unes de ses poésies. C'est d'abord le
rondeau suivant, si souvent cité dans les Traités de
littérature :

Le temps a laissié son manteau
De vent, de froidure et de pluye,
Et s'est vestu de brouderie
De souleil luisant, clerc et beau.
Il n'y a beste ne oyseau
Qu'en son jargon ne chante ou crie.
Le temps a laissié son manteau
De vent, de froidure et de pluye.

Rivière, fontaine et ruiseeau,
Portent en livrée jolie,
Goutes d'argent d'orfaverie :
Chascun s'abille de nouveau.
Le temps a laissié son manteau
De vent, de froidure et de pluye.

Charles d'Orléans peut s'appeler le peintre des petits tableaux : c'est dans la ballade et le rondeau qu'il excelle; sa voix n'a ni la mâle éloquence ni la verve puissante qui sont nécessaires pour réussir dans des poëmes de longue haleine. Mais lorsque, pendant sa longue captivité, il parle de son doux pays de France, sa ballade devient une ode sublime et une élégie attendrissante.

En regardant vers le pays de France,
Ung jour m'avint, à Douvre sur la mer,
Qu'il me souvint de la doulce plaisance
Que je souloie ou dit pays trouver :
Si commençai de cueur à souspirer,
Combien certes que grant bien me faisoit
De veoir France que mon cueur amer doit.

Je m'avisay que c'estoit nonsavance
De telz soupirs dedans mon cueur garder,
Vu que je voy que la voye commence
De bonne paix, qui tous biens peut donner.

Pour ce, tournay en confort mon penser,
Mais non pourtant mon cueur ne se lassoit
De veoir France que mon cueur amer doit.

Alors chargay, en la nef d'espérance,
Tous mes souhays, en leur priant d'aler
Oultre la mer, sans faire demourance,
Et à la France de me recommander.
Or nous doint Dieu bonne paix sans tarder ;
Adonc auray loisir, mais qu'ainsi soit,
De veoir France que mon cueur amer doit.

Paix est trésor qu'on ne peut trop loer ;
Je hé guerre, point ne la dois prisier :
Destourbé m'a longtemps, soit tort ou droit,
De veoir France que mon cueur amer doit.

Nous ne nous arrêterons pas davantage sur les poésies de Charles d'Orléans : nous terminerons par une
appréciation que nous emprunterons à M. Villemain,
et qui jusqu'à un certain point peut s'appliquer à Gilles
des Ormes aussi bien qu'à son puissant patron. « Le
« poëte, par la douce émotion dont il était rempli,
« trouve de ces expressions qui n'ont point de date,
« et qui, étant toujours vraies, ne passent pas de la
« langue et de la mémoire d'un peuple. Sans doute,
« quelques empreintes de rouille se mêlent à ces beau-

« tés primitives ; mais il n'est pas d'étude où l'on puisse

« mieux découvrir ce que l'idiome français, manié par

« un homme de génie, offrait déjà de créations heu-

« reuses. »

6 Novembre 1887.

XXXVI

JEAN MÉTEZEAU

1567-1638

JEAN MÉTEZEAU

Pendant plus d'un siècle et demi, la famille Métezeau, originaire de Dreux, fournit à la France une suite
d'hommes remarquables par leurs talents. Les registres
de l'état civil de Dreux nous ont permis de rétablir la
filiation des membres de cette famille, sur lesquels les
biographes et les historiens n'ont fourni que des renseignements incomplets et souvent erronés.

Le plus anciennement connu est Clément Métezeau,
né à Dreux vers la fin du XVᵉ siècle et mort vers 1556.
Il s'adonna à l'architecture, et c'est lui qui, avec Jehan
Desmoulins, construisit l'élégant hôtel de ville de
Dreux, un des plus charmants spécimens de l'architecture civile du commencement du XVIᵉ siècle. Il ne
paraît pas avoir quitté sa ville natale, mais un de ses
fils exerça ses talents sur un plus vaste théâtre.

Ce fils se nommait Thibaut et était né à Dreux le

21 octobre 1533. Il travailla, avec son frère Jean, à
la restauration de l'église de Saint-Pierre ; mais, voyant
son frère décidé à rester à Dreux et ne voulant pas
sans doute établir une concurrence qui ne pouvait que
leur nuire à l'un et à l'autre, il partit pour Paris, où il
ne tarda pas à se faire connaître. Il fut l'un des entre-
preneurs du Pont-Neuf en 1578 ; ses dessins furent
adoptés pour la grande galerie du Louvre, et il fut
chargé de la construction de la salle des Antiques. De
son mariage avec Jeanne Bardis il eut plusieurs enfants,
dont quatre au moins méritent d'être connus.

L'aîné, Louis, né à Dreux vers 1563, architecte
comme son père et son grand-père, donna à Jacques
de Brosse les plans du palais du Luxembourg. Il acheva
la grande galerie du Louvre et fut nommé, en 1596,
architecte du roi Henri IV. Il s'intitulait seigneur de
Germainville et de Brissard près Dreux.

Le dernier fils de Thibaut Métezeau, Clément, né
à Dreux le 6 février 1581, bien qu'ayant eu, croyons-
nous, moins de talent que son frère Louis, est cependant beaucoup plus célèbre ; car il est l'auteur de la
fameuse digue de la Rochelle, dont l'idée première
appartient au cardinal de Richelieu. Nommé architecte
du roi Louis XIII après la prise de la ville, il ne semble
avoir entrepris aucune œuvre importante, mais la digue

de la Rochelle avait suffi pour l'immortaliser. Il mourut
vers 1650, et un poète druide, Mathurin Bourlier, dont
nous avons déjà parlé, composa pour lui les vers suivants qu'on grava au-dessous de son portrait :

> Hæretico palmam retulit Metezeus ab hoste,
> Cum Rupellanas aggere cinxit aquas.
> Dicitur Archimedes terram potuisse movere ;
> Æquora qui potuit sistere, non minor est.

Les deux autres fils de Thibaut Métezeau et de
Jeanne Bardis, Jean et Paul, nous intéressent plus particulièrement.

Jean naquit à Dreux le 22 mai 1567. La faveur dont
son père jouissait auprès d'Henri III et de François,
duc d'Anjou, lui procura son entrée à la Cour. Il s'attacha à la personne du Roi et se trouva mêlé à toutes
les intrigues politiques de ces temps de troubles et de
guerres civiles. En 1588, il eut l'honneur d'être choisi
par Henri III pour l'accompagner aux États de Blois
où les Guises furent assassinés. Mais s'il connut les
avantages de la faveur royale, il en connut aussi les
déboires. Envoyé par le Roi de Blois à Paris pour
annoncer la mort du duc de Guise, il fut mis à la Bastille par les ligueurs parisiens. A peine délivré, il s'empressa de retourner à Dreux. Une sédition contre le

Roi avait éclaté dans cette ville le 9 février 1589, et les habitants avaient juré fidélité à la Ligue. Charles de Villiers-Marsallain, fils de Guillaume Rotrou, sieur de la Muette, capitaine pour le Roi à Dreux, s'était réfugié dans le château dont il s'était emparé par ruse : Jean Métezeau vint l'y rejoindre ; mais, à peine y était-il renfermé que la trahison d'un caporal de la garnison livra, une belle nuit, le château aux ligueurs de Dreux, et tous ceux qui se trouvaient avec le sieur de Villiers furent faits prisonniers. Jean fut de nouveau emprisonné, et, au bout de quelques jours, il fut envoyé à Mantes.

Ce fut pendant ses détentions qu'il songea, pour se distraire, à se livrer à la poésie, et il commença la traduction en vers des *Pseaumes de David,* traduction qu'il dédia plus tard au roi Henri IV. Dans son Avis au lecteur, il raconte ses infortunes. « J'ai faict, dit-il, « la meilleure partie de ceste traduction en ma jeunesse « pendant trois prisons : la première à la Bastille quand « Henry III m'envoya de Blois à Paris après la mort « de feu Monsieur de Guise ; la seconde à Dreux et à « Mante, lors de la reprise du chasteau dudict Dreux « sur le sieur de Villiers-Marsalin et moy, par les habi- « tans de la ville aidez des forces de la Ligue ; et « l'autre à Tours, pour les folies d'autruy, en toutes

« lesquelles les grâces que Dieu m'a faictes ont paru
« par-dessus mes malheurs et mes ennemis. »

Après la prise de Dreux par Henri IV en 1593,
Jean Métezeau revint dans cette ville, et lorque la
brèche faite dans les murs eut été refermée, lorsqu'on
eut incrusté dans cette partie de la muraille une pierre
entourée de huit boulets, ce fut lui qui composa l'inscription suivante qui y fut gravée et qui y subsista
jusqu'en 1774.

> Par feu, par fer, par bruit j'ay combattu ;
> De sang, de bras, de corps j'ay ceste place teinte ;
> Par un pouvoir divin un Roy j'ay combattu,
> Et dans ce lieu icy j'ay la fureur dépeinte.

Ces vers nous donnent une assez pauvre idée du
talent poétique de Jean Métezeau : sa traduction des
Pseaumes n'est pas beaucoup meilleure ; le style en est
alambiqué, plein d'inversions de mauvais goût, d'op-
positions de mots heurtées et souvent incompréhen-
sibles. Elle eut pourtant l'honneur de trois éditions, et
l'une d'elles, celle de 1610, publiée chez Guillaume
Loyson, est une édition de luxe, enrichie de belles gra-
vures et vignettes de Léonard Gaultier. En tête, est le
portrait de Jean Métezeau, avec cette inscription dans

le haut : ÆTAT. 42, *1610,* et dans le bas ce quatrain,
digne de la traduction elle-même :

> *Ton œil ne voit que les traits du visage*
> *De Métezeau ; son esprit est emprainct*
> *D'une autre main, et c'est œuvre tout sainct*
> *Où l'on connoist parfaitement l'usage.*

Si Jean ne put réussir dans la poésie et s'il demeura
toujours dans la médiocrité, il fut plus heureux dans sa
vie privée. Dans la seconde moitié de son existence,
il se vit récompensé des traverses qu'il avait essuyées
au commencement de sa carrière politique. Il devint
conseiller et secrétaire de Mme la duchesse de Bar, sœur
unique du roi Henri IV, et agent de ses affaires près de
Sa Majesté. On croit qu'il mourut vers l'année 1638,
ne laissant aucun enfant de sa femme, Marguerite de
Térouanne.

Le dernier des fils de Thibaut Métezeau dont nous
voulions parler, Paul, né à Dreux vers 1578, embrassa
l'état ecclésiastique et devint aumônier du roi Louis XIII.
Il eut la réputation d'un savant théologien et d'un éloquent prédicateur ; il a laissé divers ouvrages de théologie. Nous aurions à peine rappelé son nom, si l'on
ne trouvait, en tête de la traduction des *Pseaumes* de
son frère, le sonnet suivant que Paul lui adressait :

Dieu, qui va balançant au poids de sa justice
Tout ce grand Univers par nombres limité,
Veut estre des humains en son œuvre imité
Quant il faut que le Ciel de son los retentisse.

Ainsi David chantoit, gardant ceste police
Dans les augustes lieux de la Saincte cité,
Ces Pseaumes, consacrez à la Divinité
Qu'il recognoissoit estre à tous ses vœux propice.

Toy, nostre frère aisné, qui fais parler françois
Ce grand chantre Hébrieu, gardant ces mesmes loix,
Pour complaire aux désirs de tant d'âmes ravies

De ces chans tous divins qui vollent jusqu'aux cieux,
Tu mérites de tous, agréant mesme aux yeux
D'Henry, ce grand monarque, à qui tu les desdies.

11 Novembre 1887.

XXXVII

CLAUDE RABET

1520-1590 environ

CLAUDE RABET

Les œuvres poétiques de Claude Rabet n'ont jamais été imprimées ; elles se trouvent dans un manuscrit de la Bibliothèque Nationale (suppl. fr. n° 804). Elles méritent cependant mieux que l'oubli dans lequel elles ont été laissées : les vers de Rabet, si l'on tient compte du mauvais goût de l'époque, valent assurément beaucoup mieux que ceux de poètes plus favorisés par le hasard. L'influence de Ronsard et des membres de la Pléiade s'y fait trop sentir ; on y voit à chaque instant les réminiscences des lettres grecques et latines, dont le goût avait été rapporté d'Italie à la suite des guerres qui marquèrent le commencement du xvi⁰ siècle ; mais, qu'on n'oublie pas que l'enthousiasme pour Ronsard et son école était alors à son apogée, et, comme le dit Pasquier, dans ses *Recherches sur la France,* « soudain « que les jeunes gens s'estoient frottés à la robe du

« poète vendômois, ils se faisoient accroire d'estre eux
« aussi devenus poètes : qui fit puis après très grand tort
« à ce sacré nom, d'autant qu'il se présentoit tant de
« petits avortons de poésie que le peuple se voulant
« mocquer d'un homme il l'appeloit poète. »

Rabet ne fut pas tout à fait un de ces petits avortons : sans doute il sacrifie aux défauts de l'époque,
mais, comme nous le verrons par quelques citations, il
a parfois d'heureuses inspirations qu'il rend avec talent.
Disons d'abord quelques mots de sa vie privée.

Claude Rabet naquit à Chartres vers 1520. Lui-même,
en 1584, nous apprend qu'il était

    Tout vieillard, tout gris et tout chenu.

Il appartenait à une des bonnes familles de la ville : son
frère, Etienne, devint conseiller au bailliage, et son
neveu, Claude, était second avocat du Roi. Il était allié
à toutes les familles de magistrature : son aïeule,
Mme Grenet, était une demoiselle des Feugerais et avait
épousé un membre de cette vieille race des Grenet, qui,
depuis deux siècles, occupait des charges au bailliage
et qui a laissé son nom à la rue dont la censive lui appartenait autrefois.

Rabet semble avoir été orphelin de bonne heure ;
au moins nous dit-il qu'il fut élevé par les soins de son
aïeule. Destiné, comme ses ancêtres, au barreau et à la

magistrature, il étudia le droit à Paris, à Orléans et à Bourges, puis revint à Chartres en 1550 et entra dans le cabinet de Jean Moisy, avocat au bailliage. Jean Moisy cultivait lui-même la poésie, et ne dédaignait pas de consacrer ses loisirs à composer de petites pièces de vers, toujours bien accueillies dans le cercle d'amis auxquels il en faisait la lecture. Il n'est donc pas étonnant que Rabet ait imité l'exemple de son patron et se soit dès lors plus préoccupé de suivre son penchant pour la poésie que d'étudier les causes qu'il aurait pu avoir à défendre.

Il commença, comme c'était la mode alors, par chercher des anagrammes à son nom, et il trouva celui de *blécé au dart,* dont il abusa, il faut l'avouer,

Blécé au dart de ma cruelle amie.....
M'ayant blécé au dart, je t'adore et te suis.....
Blécé au dart je fus d'une tigresse.... etc. ;

puis au nom de la dame de ses pensées, Catherine Acarie, qu'il chanta pendant neuf années.

Mais les Muses ne suffisent pas à nourrir ceux qui les servent : les exigences matérielles de la vie forcèrent Rabet à chercher un emploi lucratif. On ne pouvait le prendre au sérieux à Chartres, où il n'était connu

que par son bel esprit. Heureusement il avait acquis
les bonnes grâces de Nicolas d'Angennes, seigneur
de Maintenon et de Rambouillet, auquel il avait dédié
quelques-unes de ses poésies. Ce seigneur lui fit
obtenir un emploi d'élu pour le Roi à Montfort-
l'Amaury : Rabet se décida, à grand regret, à quitter la
ville où il avait passé une si heureuse jeunesse, et, au
mois de novembre 1559, il partit pour sa nouvelle résidence. Dès lors, il ne quitta plus Montfort-l'Amaury
que pour rendre de rares visites à ses parents et à ses
amis de Chartres. C'est à Montfort qu'il se maria avec
Catherine Lhostellier, nièce du feu chancelier de Gan-
nay et de Pierre de Mondoré, garde de la librairie du
Roi ; c'est à Montfort qu'il revisa ses poésies auxquelles
il promettait l'immortalité :

> *Ainsy, plus dur que le cuivre,*
> *Pérennel vivra mon livre,*
> *Que moissonner ne pourra*
> *La faulx du temps variable ;*
> *Que la Parque espouvantable*
> *Jamais n'espouvantera ;*

enfin, c'est à Montfort qu'il décéda vers l'année 1590.

Ce n'est pas qu'il ne regrettât Chartres et ses anciens
amis : dans maint passage, il déplore

.... Les cruels destins qui le vont menaçans
De lui faire passer le reste de ses ans
A dix ou onze lieues loin de son héritage,

et ses plus jolis vers sont consacrés à la louange de sa
ville natale, qu'il se plaint de voir depuis si longtemps
délaissée par les poëtes ou les écrivains, ses enfants.

Trop me déplaisent les ans
Qui n'ont de toi faict mémoire,
Et qu'un seul de tes enfans
Ne daigne chanter ta gloire.
Le premier des tiens seray
Qui de l'oubli t'ôteray,
Te donnant par mes écrits,
Sur le nom de Béocide
Ou le superbe Phocide,
D'amène séjour le prix.

Le premier seray des tiens
Qui feray bruir dans l'Eure
Les ruisseaux pégasiens,
Murés de douce verdure,
Dont seront tes herbus prés
Bien richement honorés.
Le premier je videray
Tes sources de fanges pleines,
Et d'eau des claires fontaines
Des neuf sœurs les empliray.

Dans une épître à Philippe Desportes, Rabet revient
sur la même pensée :

> *Ami, ton luth est d'or, et ta muse précelle*
> *Toute autre de ce temps ; tu ne fais que florir*
> *Et nouvelles faveurs chacun jour acquérir,*
> *Courant avec un Roy cette fortune belle.*
> *Si ne puis et ne dois, Desportes, te céler*
> *Le murmure qu'on fait de te voir oublier*
> *La ville qui jadis allaita ton enfance.*
> *J'ay regret que par toi n'est doré son renom*
> *Et qu'en tes œuvres n'ait mémoire de son nom.*
> *Virgile de Mantoue eut parfois souvenance !*

Rabet, pour tenir sa parole d'immortaliser la ville
de Chartres, a composé en son honneur un *Hymne
triomphal,* qu'il a daté du règne de François II, c'est-à-
dire de l'année 1560. Ce n'est pas un chef-d'œuvre,
mais on peut encore le lire sans trop d'ennui. Nous en
extrairons seulement les passages suivants :

> *... Depuis que les dieux eurent d'une couronne*
> *Doré le chef de France, où maintenant fleuronne*
> *Le lys entre les mains du second roy François,*
> *Successeur de Henry, lequel, tous autres rois*
> *D'Europe surpassant en grandeur et richesse,*
> *Naguère, en sa plus forte et robuste jeunesse,*

Par un désastre étrange, en prenant ses esbats,
Avons veu succomber au milieu des combats,
Tu as tousjours esté sans trouble et sans querelle,
Loin des camps ennemis, produisant une telle
Abondance de biens, soit en bleds, soit en vins,
Que tu en as honneur et bruict sur tes voisins.
Et quand encontre toy seroient Mars et Bellonne,
Un fossé si très hault ton rempart environne
Qu'en rien ne te pouroient leurs armes offenser
Et que serois assez forte à les repousser....
Dans ton enclos on voit bâtimens fort antiques,
De tes vieux héroès enserrant les reliques,
Illustrés de portraits noircis et enfumez,
Jà presque par le temps et l'âge consumez,
Entre lesquels, ainsy qu'entre pierres menues
Se montre fier le roc qui monte jusqu'aux nues,
Superbement s'élève un temple sourcilleux,
Si hardi de façon que, voisinant les cieux,
Des Babyloniens le vain labeur surpasse
Et des grands rois du Nil la monstrueuse masse.....
Quant aux autres beautez qui de séjour amène
Donne aux villes bruict, tu en es toute pleine ;
Car où peut-on choisir, sous le soleil, un lieu
Plus plaisant que le tien ? duquel coule au milieu,
A petits flots d'argent, l'Eure, belle rivière,
Qui, franchissant tes murs d'une course légère,
S'enfuit le long d'un val, doucement gazouillant,
Et de ses serpents-bras va maints prés accolant.
Là les ombrages frais, là des Zéphirs l'haleine,

Là l'émail verdoyant qui rit dans une plaine,
Là le cours azuré de maints beaux jardinets,
Au temps que de la nuit l'étoile messagère
Es plus longs jours d'été commence sa carrière,
Assemblent ta jeunesse en rond, pour y danser
Et quelquefois d'amour librement deviser.....
Oh ! qu'autrefois j'ay prins d'esbat vers ta Courtille,
En voyant aborder les troupes à la file
De ton peuple gaillard, qui là, pour s'esjouir,
De ton Eure accouroit le doux murmure ouïr.
Mon Dieu, que j'y ay veu maint amant en liesse
Et sauteler de joye, en voyant sa déesse
Parmi les autres, belle et droite, se monstrer
Et mille doux regards encontre luy tirer.
Mon Dieu, que j'y ay veu mainte dame gentille
Chanter divinement, et d'une main agile
Maniant la guitarre, ou d'un luth s'esbattant,
Ravir par ses accords l'âme de l'écoutant.

Nous ne voulons pas prolonger outre mesure ces citations; elles suffiront, pensons-nous, pour donner une idée favorable du talent de l'auteur. Cependant, avant de le quitter, nous ne pouvons résister au plaisir de citer encore deux fabliaux, imités d'Anacréon, et qu'il a intitulés, nous ne savons pourquoi, *Propos et devis joyeux de gens rustiques :*

Un jeune archer, garni d'arc et carquois,
Un jour chassant le long d'une vallée,

Voit Cupidon, voletant dans un bois,
Qui s'égayoit sous la verte feuillée,
Et, le cuidant estre quelque gibier,
Encontre luy tous ses traits il décoche.
Mais, las ! en vain tire ce jeune archer,
Et d'un seul trait de sa proie il n'approche.
Puis, advisant près d'un petit ruisseau
Un bon vieillard, droit à luy va se plaindre,
Luy signalant Amour sous un ormeau
Que de ses traits il ne pouvoit atteindre.
Lors, ce vieillard lui dit : O mon enfant,
Laisse-le là et plus à luy ne tire,
Car si le vas une fois irritant,
Tes jours, tes nuits ne seront qu'un martyre.

Amour, un jour, s'esbattant à cueillir
Roses et fleurs pour faire une couronne,
Vient une mouche encontre luy saillir,
Qui jusqu'au sang le point et l'aiguillonne.
Cela luy deult, cela luy cuit si fort
Qu'incontinent s'encourt vers Cythérée.
Hélas ! dit-il, ma mère, je suis mort !
Ce moucheron m'a la main vulnérée.
Alors Vénus, en souriant, lui dit :
Si l'aguillon d'une petite mouche
Faict tant de mal, advise combien nuit
Ton arc à ceux que vivement il touche.

4 Juin 1889.

XXXVIII

PIERRE BOURCY

1645-1694

PIERRE BOURCY

Pierre Bourcy n'appartient pas à la Beauce par sa naissance, car il reçut le jour à Laon vers 1645, mais, dès sa jeunesse, il fut envoyé à Chartres pour faire son éducation parmi les enfants d'aube de la cathédrale. Il ne cessa dès lors de résider dans cette ville, où il mourut en 1694 [1].

A son arrivée à Chartres, Bourcy fut placé sous la direction de Jean Jouet, dont nous avons déjà parlé à

1. On a généralement admis que Bourcy mourut le 28 mars 1694 : or, le 13 avril de cette année, on voit « Pierre de Bourcy, maître de « musique de Notre-Dame, » assister comme parrain au baptême d'un enfant d'Adrien Delahaye, compagnon menuisier. D'un autre côté, le 21 juin 1694, la mère de Pierre Bourcy, « autrefois maître « de musique, » adressait une requête au Chapitre de Chartres pour obtenir une pension afin d'entretenir au petit séminaire Nicolas Bernouville, neveu du défunt. Bourcy mourut donc entre le 13 avril et le 21 juin 1694.

propos de Philippe Leduc. Jean Jouet avait un goût
passionné pour la musique et y avait acquis une telle
réputation que, à peine âgé de 23 ans, il avait été reçu
maître de psallette de la cathédrale, sans même être
astreint à donner un morceau de sa composition,
comme c'était l'habitude. Il ne tarda pas à reconnaître
chez Bourcy une aptitude particulière pour son art
favori, et il lui donna des leçons de composition, dont
celui-ci profita si bien qu'il fut chargé de mettre en
musique les motets qui se chantaient à Chartres le jour
de la fête du Saint-Sacrement et à la procession faite le
15 mars en souvenir de la levée du siège de la ville en
1568. Les vers lui étaient fournis par Antoine Danchet,
alors professeur au collège Pocquet, depuis membre de
l'Académie française, Louis Peu, docteur en Sorbonne
et depuis sous-chantre de la cathédrale, Jean Lubriat,
conseiller du Roi au bailliage de Chartres.

Bourcy succéda en 1687 à son professeur dans la
dignité de maître de psallette : sa réputation comme
compositeur ne fit dès lors que s'accroître. Il composa
la musique de plusieurs pièces représentées au collège
royal de Chartres : *Ptolémée ou l'Usurpateur puni*
(12 août 1687), *Judith* (20 février 1691).

Mais ce n'est pas comme musicien que nous devons
examiner Pierre Bourcy, c'est comme versificateur.

Et en effet il fit non seulement la musique, mais aussi
les paroles de plusieurs motets chantés aux processions
de la Fête-Dieu en 1689, 1690 et 1691. Nous en citerons
quelques fragments :

> *Prosternez-vous, âmes fidèles ;*
> *Que vos cœurs soient saisis d'une sainte frayeur :*
> *Celuy qui fait trembler les trouppes immortelles*
> *Et qui dans les Enfers imprime la terreur,*
> > *Dieu luy-mesme, dans cette Hostie,*
> > *Vient se manifester à nous.*
> *Sous ce voile est caché l'autheur de notre vie ;*
> *Devant ce Roy des Roys fléchissez les genoux.*

> *Que la joye en nos cœurs pleinement se répande,*
> *Et que de toutes parts icy-bas on entende*
> > *Des chants d'allégresse et d'amour :*
> > *Dieu parmy nous fait son séjour.*
> *Ayons pour l'adorer un cœur droit et sincère ;*
> *C'est de tous les encens le seul qui peut luy plaire.*
> *Bien-aymez du Seigneur, vous qui, dans sa maison,*
> > *Mêlant vos voix au chœur des Anges,*
> *Exaltez avec nous la gloire de son nom,*
> *Que de biens nous goûtons à sa divine table !*
> > *C'est une source inépuisable*
> > *De grâces et de volupté.*
> *Chantons à haute voix le mystère adorable*
> *Qui doit nous rendre heureux à toute éternité.*

Outre ces motets en l'honneur du Saint-Sacrement,
Bourcy en composa un à la louange de Louis XIV. En
voici quelques extraits :

> *Que tout ce que tu fais, Seigneur, est adorable !*
>   *Est-il rien qui soit comparable*
> *A l'auguste Héros que tu nous as donné ?*
> *Ta main conduit en luy ce qu'elle a commencé :*
>   *Ta Grâce, à ses vœux favorable,*
> *Lui sert de bouclier au milieu des combats.*
> *Par elle son grand cœur s'est rendu redoutable ;*
>   *Elle seule anime son bras.*
>   *L'avenir en fera l'histoire*
> *Et ne comprendra pas tant de faits inouïs.*
> *Gravons-les par nos chants au Temple de Mémoire,*
> *Et publions partout qu'on n'a point veu de gloire*
>   *Egale à celle de Louis.*

Bourcy avait un neveu, Nicolas Bernonville, né,
comme lui, à Laon, le 7 décembre 1677. Lorsqu'il eut
été nommé maître de psallette, il le fit venir à Chartres
et lui fit faire sa première éducation sous sa direction,
parmi les enfants de chœur de la Cathédrale. Il le fit
ensuite entrer au Petit Séminaire. Bernonville se distingua dans ses études, et, à sa sortie du séminaire, il
fut d'abord chargé des basses classes dans le collège
Pocquet, puis y devint professeur de rhétorique. Le

29 juin 1714, il fut nommé chanoine de Notre-Dame, et il mourut à Chartres le 21 mai 1750.

Bernonville composa, en latin et en français, un assez grand nombre de poésies de circonstance, dont plusieurs furent imprimées. Nous citerons entre autres une *Ode sur la bataille de Spire* (Chartres, Marin Maschefer, in-4°), *Gratulationes regii Carnotensis collegii de solemni ingressu D. D. de Moustiers de Mérinville* (Chartres, Nicolazo, 1710, in-4°). Il fit représenter au collège de Chartres, en 1704, une tragédie intitulée *Flavie*; en septembre 1713, une autre pièce intitulée *Joseph*, dont le prologue et les intermèdes furent mis en musique par Chenu, maître de musique de la cathédrale de Chartres. Enfin il composa des hymnes pour l'office de saint André (Chartres, Nicolazo, 1707), qui, jusqu'à la Révolution, furent chantées dans l'église collégiale consacrée à ce saint.

Bernonville ne fut ni plus mauvais ni meilleur poète que la plupart des rimeurs de cette époque. Voici quelques strophes de son *Ode sur la bataille de Spire* :

> *Doctes filles de Mémoire,*
> *Muses, animez ma voix :*
> *Venez chanter la victoire*
> *De nos belliqueux François.*

Jamais le sacré Permesse
Ne fit entendre à la Grèce
De plus glorieux exploits.

Peignez l'affreuse Bellone
Conduisant nos étendarts,
Les héros qu'elle moissonne,
Ses redoutables regards,
Ses fureurs, ses cris horribles,
Nos guerriers fiers et terribles,
Triomphants de toutes parts.

L'airain par cent bouches tonne
En vomissant mille morts.
Le François arrive, donne :
Quels prodigieux efforts !
Veilbourg en prend l'épouvante ;
Desjà le Rhin mesme tente
De se cacher sous ses bords.

C'est sous un nouveau Turenne
Que triomphent nos soldats.
De ce fameux capitaine
Tallard marche sur les pas ;
C'est son esprit qui l'anime :
Vaillant, prudent, magnanime,
Il a son cœur et son bras.

15 Juin 1889.

XXXIX

JACQUES DU PUISET

1070-1120 environ

JACQUES DU PUISET

Nous avons cité les noms, nous avons parlé des œuvres d'un certain nombre de poètes et de rimeurs beaucerons, et il nous en resterait encore à mentionner beaucoup d'autres ; mais nous craindrions de dépasser le but que nous nous étions proposé. Ce que nous voulions surtout, en effet, c'était montrer que, dans tous les siècles, dans tous les genres on rencontrait des poètes beaucerons. Tous ceux que nous avons passés en revue ont écrit en français ; il en est au moins autant qui n'ont composé que des vers latins. Plusieurs de ceux-ci avaient aussi la fibre poétique, mais nous n'avons pas voulu ennuyer nos lecteurs en mettant sous leurs yeux des œuvres généralement très graves et très sérieuses.

Pourtant il est un de ces auteurs dont nous voulons dire quelques mots. Il vivait à une époque où l'idiome

français était encore presque tout à fait inconnu ; mais
si la langue n'était pas encore formée, le génie était le
même, léger et brillant comme il le fut au xviiie siècle.
La chanson était alors fort à la mode : on en composait
sur les sujets les plus divers, et on les chantait dans les
rues. A propos de Jean II, nommé évêque d'Orléans
en 1096, notre grand évêque, saint Ives, dans sa lettre
lxvi adressée à Hugues, archevêque de Lyon, rapporte
une chanson écrite contre ce prélat. « Les jeunes dé-
« bauchés, dit-il, la chantent à travers nos villes, dans
« les places et dans les carrefours. »

C'est aussi d'une chanson que nous voulons vous
entretenir ; mais auparavant il nous faut dire quelques
mots de son auteur.

Jacques appartenait à la noble famille du Puiset,
dont une des branches possédait la seigneurie de la
Ferté-Arnaud. Son frère aîné, Arnaud, était doyen du
Chapitre de Notre-Dame de Chartres depuis 1092 : il
avait même sans doute espéré, grâce à l'influence de
sa famille, succéder à l'évêque Geoffroy sur le siège
épiscopal de Chartres. Il s'était vu préférer Ives, et dès
lors il avait conçu contre ce prélat une jalousie qu'il
laissa éclater en plus d'une occasion. Lorsque l'évêque
voulut conférer le sous-décanat à Foulques, Arnaud,
soutenu par son neveu, le prévôt Hugues, et par quel-

ques autres chanoines, se porta contre saint Ives à des violences que celui-ci raconte dans sa lettre CLXXXIV à Daimbert, archevêque de Sens. L'affaire fut portée devant cet archevêque, qui condamna le doyen à faire des excuses à son évêque. Arnaud, mécontent, se démit du décanat et s'enfuit à Cluny, puis à Vendôme.

Avant sa disgrâce, il avait fait venir auprès de lui « son petit frère Jacques, » comme il l'appelait, et avait présenté une requête au Chapitre pour le faire admettre dans les écoles capitulaires. « Nous vous « prions, nos très chers, écrivait-il aux chanoines de « Chartres, de recevoir, par amour pour nous, dans « l'école de votre église, ce jeune homme d'un bon « caractère et très ami des lettres : il est de ma famille, « et c'est moi, le doyen Arnaud, qui l'ai élevé. »

Les deux frères vécurent dans une intimité parfaite: nous en avons la preuve dans les lettres qu'ils écrivaient à leur mère Leticia. Lorsqu'Arnaud eut été contraint d'abandonner le décanat, Jacques ne voulut pas rester à Chartres. Il se retira au Mans, où il se mit sous la conduite de l'écolâtre Gui. Son frère, écrivant au doyen du Mans, le lui recommandait, car, disait-il, « il est « très habile dans les lettres. »

La disgrâce d'Arnaud fut de peu de durée : il rentra bientôt à Chartres, et son frère vint l'y rejoindre. Nous

avons rencontré dans un manuscrit de la Bibliothèque
de Chartres, avec les Lettres du doyen Arnaud et de
son frère, une chanson composée par celui-ci et adressée
à sa mère. Nous l'avons publiée dans la *Bibliothèque de
l'Ecole des chartes,* année 1855, 4ᵉ série, t. Iᵉʳ, et nous
sommes heureux de la reproduire, comme un des rares
et des plus charmants spécimens de la littérature légère
de cette époque.

> *Mater nostra,*
> *Mater grata,*
> *Nomine Leticia,*
> *Nomen tuum,*
> *Nomen lætum,*
> *Præbet nobis gaudia.*
> *Mater, opem*
> *Nunc præsentem*
> *Fer utrique filio ;*
> *Tuo namque*
> *Nunc uterque*
> *Indiget auxilio.*
> *Fer, fer opem*
> *Per hoc nomen*
> *Quo vocaris unica ;*
> *Ferte nobis,*
> *Deus vobis*
> *Repensabit singula.*
> *Si sic agas,*

Tunc nos amas :
Tuo quidem merito,
Te amare
Et laudare
Nos perfecte credito.

Nous ne savons rien des dernières années de la vie de Jacques du Puiset. Arnaud se démit du décanat vers 1120 et prit l'habit monastique dans l'abbaye de Saint-Père de Chartres. Nous croyons que son frère était mort alors, car nous n'avons pu nulle part trouver aucune trace de lui. Nous pensons qu'il était né vers 1070 et qu'il mourut vers 1120.

10 Juillet 1889.

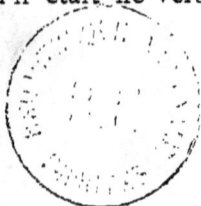

TABLE

TABLE CHRONOLOGIQUE

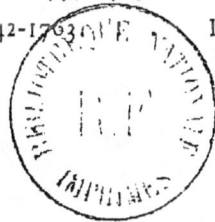

PRIX :

L'OUVRAGE COMPLET EN DEUX VOLUMES

10 FRANCS

www.ingramcontent.com/pod-product-compliance
Lightning Source LLC
Chambersburg PA
CBHW050510270326
41927CB00009B/1977